인륜을 다져 온
500년의 시간,

성주 문절공 김용초 종가

기획 경상북도 · 경북대학교 영남문화연구원 | **지은이** 최은주

경북의 종가문화 연구진

연구책임자	정우락(경북대 국어국문학과)
공동연구원	황위주(경북대 한문학과)
	조재모(경북대 건축학부)
종가선정위원장	황위주(경북대 한문학과)
종가선정위원	이수환(영남대 역사학과)
	홍원식(계명대 철학윤리학과)
	정명섭(경북대 건축학부)
	배영동(안동대 민속학과)
	이세동(경북대 중어중문학과)
종가연구팀	김위경(영남문화연구원 연구원)
	이재현(영남문화연구원 연구원)
	최은주(영남문화연구원 연구원)
	황명환(영남문화연구원 연구보조원)
	전설련(영남문화연구원 연구보조원)

축 · 간 · 사

경상북도에서 『**경북의 종가문화**』 **시리즈** 발간사업을 시작한 지 벌써 11년째가 되었습니다. 본 사업은 더 늦기 전에 지역의 종가문화를 기록으로 남겨 후세에 전해야 한다는 절박함에서 비롯되었고, 그간 많은 분들의 노고에 힘입어 어느새 61권의 책자가 발간되는 데 이르렀습니다. 이러한 결실은 우리 지역의 문화자산으로 자리 잡아 가고 있어, 300만 도민의 한 사람으로서 무척 보람되게 생각합니다.

경북은 예로부터 수많은 명현거유名賢巨儒가 배출되었고, 그분들이 이룩한 전통문화가 집적되어 온 중심입니다. 특히 이러한 전통문화의 중심에는 바로 경북의 종가宗家가 있습니다. 종가는 수백 년에 걸쳐 지역 사회의 구심점이자 전통문화의 상징으로 자리 잡아 그 역할을 묵묵히 수행해 왔습니다. 우리 도는 많은 수의 종가가 고유의 문화를 오늘날까지 온전히 지켜 오고 있기에, 우리나라 종가문화의 보고寶庫라고 해도 과언이 아닙니다.

하지만 최근 급변하는 사회와 종손·종부의 고령화 등으로 인해 종가문화는 점차 훼손·소멸되고 있는 실정입니다. 이에 경상북도에서는 종가문화를 보존·활용하는 한편, 발전적으로 계승하기 위해 2009년부터 '**종가문화 명품화 사업**'을 추진해 오고 있습니다. 체계적인 학술조사 및 연구를 통해 관련 인프라를 구축하고, 명품 브랜드화하는 등 향후 발전 가능성을 모색하기 위해 다방면으로 노력하고 있습니다.

경북대학교 영남문화연구원을 통해 2010년부터 추진하고 있는 『경북의 종가문화』 시리즈 발간도 이러한 사업의 일환입니다. 도내 종가를 대상으로 현재까지 『경북의 종가문화』 시리즈 61권을 발간하게 되었으며, 결과물은 관계 문중은 물론 일반인들로부터도 큰 호응을 얻고 있습니다. 이들 시리즈는 종가의 입지 조건과 형성 과정, 역사, 종가의 의례 및 생활문화, 건축문화, 종손과 종부의 일상과 가풍의 전승 등을 토대로 하여 일반인들이 쉽고 재미있게 읽을 수 있는 교양서 형태의 책자 및 영상물(DVD)로 제작되었습니다. 철저한 현장조사를 바탕으로 하여 관련 분야 전문가들이 집필함으로써 내용을 알차게 꾸미는 한편, 개별 종가의 특징을 부각시키고자 노력하였습니다.

이러한 노력으로, 금년에는 『**성주 문절공 김용초 종가**』, 『**예천 별동 윤상 종가**』, 『**안동 임연재 배삼익 종가**』, 『**칠곡 석담 이윤우 종가**』, 『**안동 간재 변중일 종가**』, 『**의성 천사 김종덕 종가**』 등 6곳의 종가를 대상으로 시리즈 6권을 발간하게 되었습니다. 이 시리즈의 발간은 앞으로도 계속되어 도내 100개 종가를 목표로 연차적으로 추진해 나갈 계획입니다. 이러한 시도는 종가 관련 자료의 축적을 통해 종가문화

보존 및 활용을 위한 기초자료를 제공함은 물론, 일반인들에게 우리 전통문화의 소중함과 우수성을 알리는 데 크게 도움이 될 것입니다.

최근 유교적 가치와 전통문화에 대한 재조명이 활발히 이루어지고 있습니다. 그 바탕에는 오늘날까지 전통문화를 올곧이 지켜 온 종문의 숨은 저력이 있었음을 기억하며, 우리 도에 내재한 전통문화를 계승해 나가야 할 것입니다. 이를 통해 경북의 정체성 확립은 물론, 미래 지향적인 새로운 정신을 찾아 세계적 정신문화로의 발전으로까지 이어질 수 있을 것이라 확신합니다.

앞으로 경상북도에서는 현재 잊혀 가는 종가문화에 대한 국가 차원의 컨트롤 타워 건립 유치를 위해 힘쓸 것입니다. 아울러 종가문화에 대한 지속적인 조사·연구 추진과 더불어, 종가의 보존관리 및 활용 방안을 모색하는 데 적극 노력해 나갈 것을 약속드립니다. 이를 통해 전통문화를 소중히 지켜 오신 종손·종부님들의 자긍심을 고취시키고, 나아가 전국의 종가를 연계하는 종가문화 네트워크 구축과 더불어 종가문화를 세계적인 명품브랜드로 육성해 나갈 계획입니다.

끝으로 이 사업을 위해 애쓰신 이영호 경북대학교 영남문화연구원장님과 연구 책임자이신 정우락 교수님을 비롯한 여러 연구원분들, 그리고 집필자분들의 노고에 진심으로 감사드립니다. 아울러 각별한 관심을 갖고 적극적으로 협조해 주신 종손·종부님께도 감사의 말씀을 드립니다.

2020년 3월

경상북도지사 이 철 우

지·은·이·의 말

종가 문화는 역사적 전통을 지닌 물질적 유형 유산과 정신적 무형 유산이 결합해서 이루어진다. 다시 말해 종택·사당·재실 등의 전통 건축과 더불어 그 안에서 이루어지는 다양한 의식들을 지키고 보존하는 사람들이 함께 어우러져 '종가 문화'가 된다. 유·무형 유산 이 둘의 균형이 무너져 어느 한쪽만 유지되어서는 종가 문화의 전승과 보존을 기대하기 어렵다.

산업이 발전함에 따라 사회 환경이 급속도로 변화했다. 이러한 시대를 지나오면서 종가와 그곳을 지키는 사람들 역시 많은 변화들을 겪었다. 그러나 변화의 끝자락에서도 마지막까지 놓지 않은 것이 바로 '추원보본追遠報本 제사필성祭祀必誠'에 대한 강한 의지였다. 이들은 언제나 그래 왔듯이 여전히 조상을 추모하고 근본에 보답하며 제사를 반드시 정성으로 지내고 있다. 그래서 지금까지 종가가 남아 있고 그 문화도 존재하는 것이다. 역설적이지만 이렇게 유지되어 왔기 때문에 앞으로의 미래가 어떻게 펼쳐질지 예측이 쉽지 않다. 종손과 종부처럼 종가를 지키는 사람들, 그리고 주변에서 도와주는 문중 사람들, 이들은 시대가 급변하는 만큼 다양한 어려움에 지속적으로 부딪치고 있고 이러한 난관들을 끊임없이 헤쳐 나가고 있다. 어려서부터 자연스럽게 체득한 사명감과 책임감으로 스스로를 지탱하며, 시간이 흐르면서 보태어지는 긍지와 자부심을 동력으로 삼아 예전처럼 지금도 종가 문화를 계승하고 있다.

문절공文節公 김용초金用超(1329-1406)가 성주로 낙향하면서 문절공종가의 역사는 시작되었다. 이후 그의 5대손 사우당四友堂 김관석金關石(1505-1542)이 수륜동, 곧 지금의 윤동으로 입향했다. 사우당의 자손들은 이때부터 지금까지 500년이란 시간 동안 한결같이 윤동을 지키며 살아왔다. 성주 윤동의 의성김씨 문절공종가가 사우당종가로도 많이 알려진 것은 바로 이 때문이다. 사우당의 장손 사봉沙峰 김천택金天澤(1555-1595)은 임진왜란 때 의병으로 참가해서 공을 세웠고, 김천택의 장남 퇴은退隱 김즙金檝(1575-1639)은 학문과 덕행으로 지역 사림들에게 명망이 높았다. 후대에 자손들은 지역 사림들의 공론에 따라 사우당, 사봉, 그리고 퇴은 이 세 분을 추모하기 위해 지금의 서원골에 덕천사德泉祠를 건립했다. 덕천사는 이후 서원으로 승격했고, 당시 지역의 명망 있는 사림들이 번갈아 가며 원장을 역임했다. 그리고 대부분의 서원들처럼 조선 말기 서원 철폐령에 따라 훼철되었다. 이러한 일련의 과정들 속에서 종손을 비롯한 의성김씨 문중 사람들은 행여나 선조들의 행적이 잊힐까 염려하며 갖은 노력을 쏟아부었다. 숱한 부침이 있었지만, 이들의 노력은 지금까지도 끊임없이 지속되고 있다. 서원이 훼철된 후 100여 년이 지난 시점에서, 2019년 덕천서원을 복원한 것은 또 하나의 결실이라 할 것이다.

오랜 시간 동안 문절공종가는 시대와 함께 호흡하며 면면히 이어져 왔다. 다사다난했던 세월을 안으로 품고, 겉으로는 의연하게 그 모습을 드러내고 있다. 그러나 그 이면에는 종가를 지키기 위해 애쓴 사람들의 노력이 흠뻑 배어 있음을, 그리고 그것이 결코 쉬운 일이 아니었음을 우리는 기억할 필요가 있다. 종가 문화를 비롯한 전통문화유산을 후대에 물려준다는 것은 그것을 지키기 위해 노력하는 사람들이 있을 때 가능하다는 것, 우리 사회가 이것을 기억할 때 우리의 역사적 전통이 온전하게 계승될 수 있을 것이다.

2020년 3월
최은주

성주 문절공 김용초 종가

목 차

제 1 장

성주 윤동마을과 문절공종가

성주 윤동마을과
문절공종가

1 성주 수륜동修倫洞의 역사

수륜동(현재 윤동)이 있는 성주군 수륜면은 가야산 자락에 위치해 있다. 수륜면은 왼쪽으로는 가천면과 경계를 이루고, 아래쪽으로는 경상남도 합천군과 거창군에 닿아 있다. 가천면과 함께 이 일대에 걸쳐 있는 산이 바로 가야산이다. 가야산은 수려한 경관으로 역대 문인들에게 많은 칭송을 받으며 유산遊山의 필수 대상이 되었다. 이 산을 유람한 많은 문인들은 그에 대한 소회를 글로 남겨 스스로 기억하는 동시에 후인들에게 유산의 정취를 전달했다. 그 시간 동안 가야산은 때로는 은거의 공간으로, 때로는 도학적 이상향의 공간으로, 때로는 풍류의 공간으로 거듭나며, 다양한 역사와 문화를 상징하게 되었다.

성주군의 행정구역

이 가야산 골짜기 단지봉에서 발원한 하천이 금수면으로 흘러들어 성주호를 만들고 다시 가천면을 지나 수륜면을 관통하는데, 바로 대가천大加川이다. 가야산 단지봉은 금수면 경계에 닿아 있는 김천시 증산면에 있다. 대가천은 한강寒岡 정구鄭逑(1543-1620)가 지은 「무흘구곡武屹九曲」으로도 유명하다. 정구는 중국 남송 때의 유학자 주희朱熹(1130-1200)의 「무이구곡武夷九曲」을 본받아 대가천 계곡의 경관이 아름다운 아홉 곳을 설정해 노래하고 「무흘구곡」이라 이름 붙였다. 회연서원 앞 대가천의 봉비암에서 제1곡이 시작해 상류로 거슬러 올라가는데, 4곡까지는 성주군에 있고 5곡부터 9곡까지는 김천시 증산면에 있다.

성주군 수륜면 수륜리 윤동(성주군청 홈페이지 참조)

위 지도를 보면 위쪽에 회연서원이 있는데 그 옆으로 표시된 하늘색 하천 표시가 곧 대가천이다. 이곳을 기점으로 하류로 내려오면, 수륜리로 접어들면서 대가천변 비옥한 평야 앞에 윤동마을의 모습이 나타난다. 윤동마을은 앞에는 대가천이 흐르고 뒤에는 까치산[鵲山]이 펼쳐져 있는 전형적인 배산임수 지형이다. 통일신라 이래 지사아방只士牙坊에 속하였던 이곳 윤동은 마을 명칭을 고려 때는 장동長洞, 고려 말에는 죽백촌竹栢村, 조선 중기에는 수륜동垂綸洞, 1500년대에는 수륜동修倫洞이라 했다고 알려져 있다.

황반로黃磻老(1766-1840)가 쓴 박가권朴可權(?-1426)의 행략行略에 다음과 같은 기록이 있다. 고려 말 개성판윤을 지낸 박가권은 순천박씨順天朴氏 성주 입향조이자 판윤공파의 파조이다.

초야에 은둔하려는 뜻을 세우고 고개를 넘어 남쪽으로 내려와 성주의 가야산으로 들어갔으니, 당시 사람들이 길재 선생이 있던 금오산과 함께 바다 밖 수양산으로 일컬었다. 가야산 만 길 높이 그윽하고 고요한 골짜기 대나무와 잣나무가 많은 곳 '지사아只士牙'라는 동네(志士와 부합된다)에 초가를 짓고 푸른 나무를 벌려 심어 노년을 마칠 계획을 세우고는 사는 곳을 이름하여 '수륜동修倫洞'이라 하였다.

황반로黃磻老, 『백하집白下集』 권9,
「가선대부개성판윤박공행략嘉善大夫開城判尹朴公行略」

박가권의 부친 박천상朴天祥은 공양왕을 섬겨 평양부원군에 봉해진 인물이다. 아들 3형제를 두었는데 고려가 멸망하자 불사이군의 절의를 지켜 맏아들 박가흥朴可興과 함께 순절하였다. 박가권은 박천상의 셋째 아들이었다. 아버지와 형을 따라 순절하려 하였으나 뜻을 이루지 못하고, 평생 은둔하려는 계획으로 성주 가야산으로 내려왔던 것이다. 그의 모친 성산이씨星山李氏가 성산군星山君 이조년李兆年의 아들이자 검교문하시중檢校門下侍中을 지낸 이포李褒(?–1373)의 딸이었던 것이 인연으로 작용했다. 박가권이 세상과 인연을 끊고 초야에 묻혀 지내기 위해 성주의 가야산으로 들어가니, 당시 사람들이 야은冶隱 길재吉再(1353–1419)가 절의를 지키기 위해 금오산으로 들어간 사실과 함께 가야산과 금오산을 수양산으로 일컬었다고 한다. 위의 기록에 따르면 박가권이 '지사아只士牙'라는 동네에 터를 잡아 초가를 짓고는 그곳을 '수륜동'이라 불렀음을 알 수 있다. 황반로는 '지사아只士牙'라는

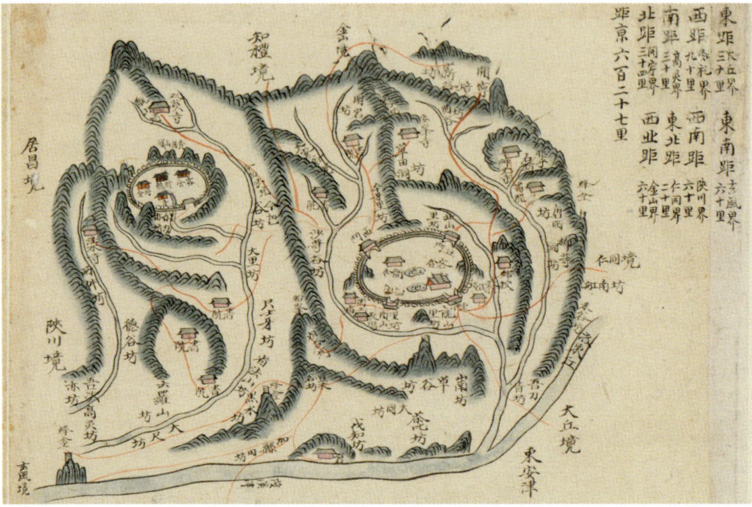

해동지도 성주목星州牧 지사아방只士牙坊/1750년대 초
(서울대 규장각한국학연구원 소장)

표기가 '지사志士'와 부합된다고 하였는데, 당시에 이미 '지사志士'라는 명칭도 썼던 것으로 보인다.

이렇듯 수륜동의 역사는 박가권이 이곳에 뿌리를 내리면서 시작되었다. 그리고 이후로도 오랫동안 순천박씨 세거지로서 현재까지 그 명맥을 이어 오고 있다. 현재 윤동마을 중앙에는 순천박씨 판윤공파 종택인 '죽백고택竹栢古宅'이 600년의 세월을 간직한 채 자리 잡고 있다. 박가권이 이곳으로 낙향한 후 주위에 대나무와 잣나무 등을 많이 심어 터전을 닦았다고 전해지므로, 후세 사람들이 그를 두고 죽백선생竹栢先生이라 불렀다고 한다. 택호를 죽백고택이라 한 것은 이 때문이다.

앞의 기록에서 황반로가 지적했듯이 '지사아방'의 '지사只士'는 '지사志士'와 부합되었기에, 조선 후기를 지나면서 수륜동은 지사면志士面에 속하게 되었다. 당시 청파방靑坡坊·대리방大理坊·지사면志士面·법산면法山面으로 나뉘어 있었는데, 이후 1914년 행정구역 개편에 따라 청파방·대리방을 청파면으로, 지사면·법산면을 지사면으로 합병하여 2개 면이 되었다. 그리고 1934년에 청파면·지사면이 합해져 수륜면으로 개칭되었다. 정리하자면 '지사아방'이 지사면으로, 그리고 수륜면으로 최종 변경된 것이다. 물론 구역과 범위에 있어서는 다소의 확장과 축소가 수반되었다. 윤동마을은 현재 행정구역 체제로 수륜면 수륜리 내에 있다. 수륜동은 연평균 기온이 12℃로 비교적 온화하며, 연간 1,250mm의 강우량과 2,400시간의 일조시간으로 풍족한 수자원과 함께 농업에 적절한 자연환경 조건을 갖춘 지역이다. 지리적·기후적 환경 여건이 대체로 좋은 곳이라 옛날부터 풍작이 드는 비옥한 땅으로 알려져 있다.

박가권이 수륜동에 터를 잡은 후 100여 년이 지났을 즈음 사우당四友堂 김관석金關石(1505-1542)이 이곳 수륜동으로 입향했다. 이때부터 의성김씨와 순천박씨의 공존이 시작되었다.

2 의성김씨 세거의 시작

입재立齋 정종로鄭宗魯(1738–1816)가 쓴 사우당의 묘갈명에 의성김씨의 시작과 사우당 김관석까지의 내력이 아래와 같이 기록되어 있다.

공의 휘는 관석關石, 자는 의중倚中이다. 김씨는 신라 경순왕의 아들 석錫이 처음에 의성義城을 식읍으로 받으면서 곧 관향이 되었다. 고려 때 휘 용비龍庇는 태자첨사로서 백성들에게 공덕이 있었으니 의성 고을 사람들이 지금까지 제사를 지낸다. 5세조 용초用超는 우리 태조를 도와 원종공훈原從功勳이 있으며, 호남도병마도절제사를 지냈다. 고조부 화和는 진사이고 증조부 종사宗師는 이조참의에 증직되었으며, 조부 귀손貴孫은 부사직을 지냈다. 부친 윤적允迪은 효우가 독실하고 은덕隱德이 있었으며, 모친 월성이씨月城李氏는 산은山根의 딸이다.

정종로鄭宗魯, 『입재집立齋集』 권34, 「참봉김공묘갈명參奉金公墓碣銘 병서並序」

신라 경순왕의 아들 김석이 의성군에 봉해지면서 곧 의성김씨의 시조가 되었다. 김석의 9세손 김용비는 의성김씨의 중시조로, 고려 때 태자첨사를 지냈다. 첨사공 김용비는 네 아들을 두었는데, 김용초는 그중 셋째 아들 김영金英의 현손玄孫이다. 사우당의 5대조 문절공文節公 김용초金用超(1329~1406)는 만년에 성주로 낙향해 대가면 안터[內基]마을에 정착했다. 그가 성주로 내려온 이유는 정확하지는 않지만 조부가 초계군수草溪郡守(현재 합천군 초계면 일대)를 지냈고 조모가 성산이씨였던 사실에서 그 영향을 어느 정도 짐작해 볼 수 있다. 김용초의 아들 김화金和는 진사이고, 손자 김종사金宗師는 이조참의에 증직되었다. 그리고 증손자 김귀손金貴孫은 부사직을 지냈다. 김용초의 고손자이자 사우당의 부친인 김윤적金允迪은 장사랑將仕郎을 지냈으며 효성과 우애가 독실하고 은덕이 있어 지역 사림의 추앙을 받았다고 한다. 그는 월성이씨 이산은의 딸을 아내로 맞이하여 사우당을 낳았다. 이것은 문절공 김용초에서 사우당 김관석까지 이르는 장남 즉 종손의 계보이다. 『의성김씨대동보』를 바탕으로 문절공의 후손들이 어디로 흩어져 살게 되었는지 다음과 같이 정리해 보았다.

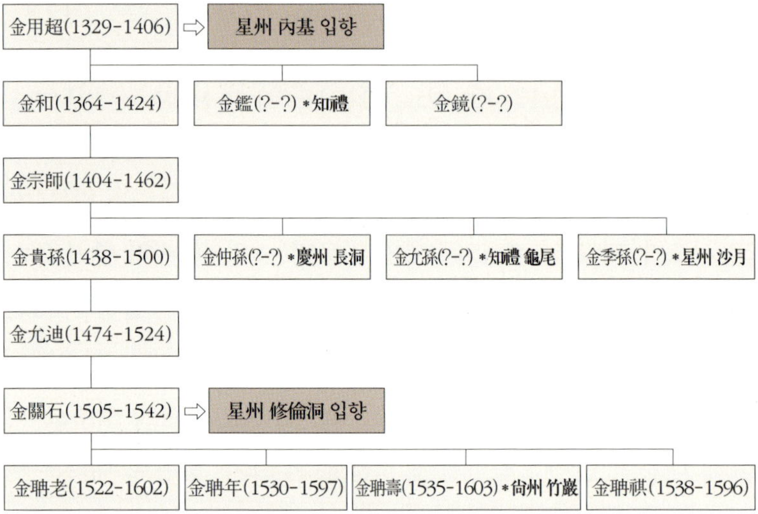

문절공 김용초는 아들 셋, 딸 둘을 두었다. 사위는 교리校理를 지낸 한권韓卷(청주인淸州人)과 군수를 지낸 이민재李敏材(성주인星州人)이다. 세 아들 가운데 김감이 지례 곧 지금의 김천으로 나가서 정착했는데, 성주 서북쪽이 김천의 경계와 닿아 있다. 문절공이 만년에 김천 부항釜項으로 옮겨 가 지냈던 사실과 그곳에 문절공의 묘소와 신도비가 남아 있었던 배경이 여기에서 기인하는 것으로 보인다. 묘소와 신도비는 근년에 부항댐 건설로 수몰 위기에 처해 성주로 옮겨 왔다.

문절공의 맏아들 김화는 아들 김종사 한 명만 두었다. 김종사는 아들 넷을 낳았는데 귀손·중손·윤손·계손이다. 장남 김귀손은 안터마을에 남아 종가를 지켰으며, 차남부터는 인근 고을로 이거해 정착했다. 김중손은 경주 장동으로, 김윤손은 김천 구미로, 김계손은 성주 사월로 옮겨 갔다. 성주 사월은 대가면 칠봉동 사도실思道室마을을 가리킨다. 이 장 맨 앞의 지도에 보이듯이 대가면은 수륜면 바로 위에 있다. 처음 지명 사월은 마을 앞을 흐르는 사천沙川과 마을을 둘러싼 월명봉月明峰에서 각각 한 글자씩 따서 만들었다고 한다. 김계손은 사월로 이거해 뿌리를 내리면서, 이곳의 의성김씨 입향조가 되었다. 이후 후손들이 명성을 떨치면서, 사월은 의성김씨 세거지로서 그 터전을 확고히 다졌다. 그의 증손자 칠봉七峰 김희삼金希參(1507-1560)은 삼척부사를 지냈고, 김희삼의 아들 중 개암開巖 김우굉金宇宏(1524-1590)과 동강東岡 김우옹金宇顒(1540-1603)은 높은 벼슬을 역임했을 뿐만 아니라 도학자로서도 명망이 높았다. 이러한 명맥은 한말 독립운동가로 잘 알려진 심산心山 김창숙金昌淑(1879-1962)으로까지 이어졌다. 김창숙은 김우옹의 13대 종손이다. 성주의 의성김씨 문절공파 후손들은 오랫동안 한 뿌리임을 잊지 않고 필요할 때마다 함께 도모하고 또 결속했다. 수륜동 의성김씨들이 때마다 사월의 의성김씨들과 연대하며 상부상조했던 것은 바로 문절공의 자손이라는 동족 의식이 강했기 때문이다.

사우당의 부친 김윤적까지는 성주 대가면 안터마을에 거주했다. 문절공을 비롯한 사우당 선조들의 묘소가 대가면에 몰려 있는 것은 이 때문이다. 사우당 김관석은 판윤공 박가권의 5대손 박탄朴坦의 딸을 아내로 맞이하면서 윤동마을로 입향했다. 당시 윤동마을은 박가권이 조선 개국 직후인 대략 1400년을 전후한 시기에 이주해 은거한 이래로, 그 후손들이 모여 살며 순천박씨 집성촌을 형성하고 있었다. 사우당의 혼인 시기를 명확하게 알 수는 없지만 대략 20세 정도를 기준으로 삼는다면, 그가 윤동마을과 인연을 맺고 이거한 시기는 1525년(중종 4) 전후가 아닐까 싶다. 박가권이 윤동마을에 뿌리내린 지 100년의 시간이 흐른 후였다. 현재 윤동마을은 의성김씨 집성촌으로 더 잘 알려져 있다. 순천박씨는 소수 가구만 남아 마을 역사의 상징적 명맥을 유지하고 있을 따름이다.

사우당이 윤동마을에 입향하면서부터 의성김씨 세거의 역사가 시작되었다. 그 후로 500년이란 시간이 흐르는 동안 많은 곡절이 있었으리라. 그럼에도 지키고 버티며 또 일으켜서 지금에 이르렀다. 윤동마을 곳곳에는 의성김씨의 세월이 스며 있다. 그리고 그 속에는 선조들에 대한 존경심과 그 명예에 누를 끼치지 않으려는 후손들의 책임감이 함께 녹아 있다.

성주 윤동마을과
문절공종가

3 윤동마을의 풍경과 문절공종가

수륜면을 관통하는 국도 33호선을 타고 남쪽 고령 방면으로 내려가다 보면 어느새 대가천이 나타나고, 그 너머로 대가천변의 들판이 펼쳐지는데, 그 뒤로 윤동마을의 모습이 보인다. 윤동마을 뒤로는 마을의 주산인 까치산[鵲山]이 마을을 감싸 안듯이 솟아 있다. 마을로 들어가려고 국도에서 내리면 도로가에 '윤동倫洞'이라고 새겨진 커다란 바위가 서 있는데, 곧 윤동마을로 들어가는 입구이다.

마을 중앙에 난 진입로를 따라 들어가면 원모재遠慕齋가 눈에 들어온다. 원모재는 문절공과 그 부친 참판공 김수덕의 학덕을 추모하기 위해 13대 종손 김동범金東範이 1746년(영조 22)에 건립한

윤동마을 전경

재실이다. 그 옆의 길을 따라 조금 더 들어간 곳에 순천박씨 충신문忠臣門이 있다. 이 충신문은 임진왜란 때 의병으로 참전해 큰 공을 세운 박이현朴而絢(1544-1592)과 이괄李适의 난 때 순국한 그의 아들 박영서朴永緖(1579-1624)의 충절을 기리기 위하여 건립된 정각旌閣이다. 박이현은 박가권의 7세손이다.

충신문을 살짝 비켜 왼쪽으로 시선을 돌리면 그곳에 사우당종택이 있다. 입구에는 '문절공 사우당 의성김씨 종택'이라는 표지석이 있다. 문절공종가이면서 사우당종택인 셈이다. 문절공 김용초가 성주로 낙향해 안터마을에 정착했고 그 5대 종손 사우당 김관석이 이곳 윤동마을에 입향했기 때문에, 마을에 위치한 이 종택은 '사우당종택'이라는 명칭으로 더 잘 알려져 있다.

종택은 드물게도 일자형으로, 일반적 고택의 구조와는 차이가 있다. 문간채에서 들어가면 사랑채가, 좀 더 들어가면 안채가 나타난다. 다시 들어가면 사우당四友堂이, 그리고 그 뒤편 푸른 대나무 숲 안에 영모당永慕堂이 있다. 깊이 들어갈수록 건물이 들어선 자리가 높아지므로 종택은 멀리 바깥에서 바라볼 때 그 내부가 대부분 눈에 들어온다. 마치 외부와 소통하듯 열려 있는 모습이다. 안채를 지나 경지문敬止門에 들어서서 사우당을 바라보고 그 옆으로 난 작은 돌계단을 따라 올라가 영모당 위에 서면 마을 앞 들판이 눈앞에 펼쳐진다. 영모당은 종택 뒤 제법 높은 곳에서 마을을 내려다보고 있다. 올라가는 길 역시 꽤 가파르다. 멀리까지 탁 트인 경치 덕분에 내려다보는 정취가 좋기도 하거니와, 빽빽한 대나무 숲으로 둘러싸여 있어 그 안에서 상쾌함도 만끽할 수 있다. 순간 스치듯 느껴지는 여유로움은 덤이라 할 것이다.

사우당종택을 중심으로 두고 볼 때 마을 서편은 토실[土谷], 사우당종택이 있는 중앙은 윤동, 동편은 서원골로 일컬어진다. 사우당종택에서 서원골 쪽으로 걸어 들어가면 얼마 지나지 않아 순천박씨 종택이 나타난다. 까치산을 바라보고 섰을 때 오른쪽에는 사우당종택이, 왼쪽에는 순천박씨 종택이 자리하여 공간의 균형을 이루고 있는 셈이다. 순천박씨 종택은 판윤공 박가권이 윤동으로 입향한 이후 판윤공파判尹公派의 종택으로 600년의 시간을 지내 왔다. 죽백고택이라고도 부른다. 최초 건립 연대를 자

원모재遠慕齋와 세덕사世德祠. 원모재 내 오른쪽 조금 뒤로 세덕사가 위치해 있다. 원모재 옆의 왼쪽 길로 조금 더 들어간 곳에 보이는 정려각이 충신문이며, 그 뒤로 사우당종택이 일부 보인다.

세하게 알 수는 없지만, 여러 차례의 보수와 개축을 거쳐 현재에 이르고 있다. 죽백고택 오른쪽으로는 박가권과 박이현·박영서 세 사람의 학덕을 기리기 위해 건립된 성인당成人堂이 위치해 있다. 사우당종택 왼편으로는 해사정·서계정·이의당이 모여 있다. 이의당은 계와 김담년의 손자 김대진·김대술·김대선 3형제를 기리기 위해 건립된 것이고, 서계정은 서계 김담수의 호를 따서 지은 것이다.

마을의 서편 토실은 '토곡土谷'이라 부르기도 하는데, 산이 높

사우당종택 입구

고 계곡이 깊으며 토질이 비옥하다 해서 '토실'이라 했다고 한다. 마을 끝자락에 원암재와 영사재가 있다. 영사재는 사우당의 증손자이자 사봉 김천택의 아들인 퇴은 김즙의 재실로, 근대에 지어졌다.

순천박씨 종택에서 마을 동편으로 펼쳐진 골은 서원골이다. 원래 이곳에는 사우당과 사봉 김천택, 퇴은 김즙 그리고 운암 김주의 학문과 덕행을 추모하기 위해 건립한 덕천서원이 있었는데, 서원이 철폐된 후 민가들이 들어와 마을이 되었다. 그래서 서원골이라 부른다고 한다. 서원이 있던 자리에 서원은 사라지고 마을이 생긴 것이다. 1963년에 세운 '덕천서원 유허단비'가 있어 예전에 덕천서원이 있었던 터임을 알 수 있다. 순천박씨 종택에서 서원골 쪽으로 가면 병산재·윤산정·경모재·야동재 등의 재실과 정자가 차례로 나타난다. 윤산정은 윤산輪山 김재인金在仁(1854-1930)의 호를 딴 정자이다. 경모재는 윤암倫庵 박덕순朴德純과 그 아들 설봉雪峰 박찬朴澯, 손자 사옹槎翁 박명윤朴明胤, 그리고 증손자 학연學淵 박진구朴震耉의 덕행과 학문을 추모하기 위한 재실이다. 기묘사화 당시 윤암 박덕순은 미관未官의 몸으로 진주에서 성주 수륜동으로 피신해 은거했다고 한다. 박덕순의 본관은 밀양이다. 이때부터 후손들은 벼슬을 멀리하고 학문에만 열중하였는데, 그중 설봉 박찬, 사옹 박명윤, 학연 박진구, 인재仁齋 박성시朴聖時 등이 사림의 추앙을 많이 받았다고 한다.

윤동마을은 중앙에 의성김씨 사우당종택과 순천박씨 종택이 자리 잡고 있고, 그 양쪽으로 민가들이 들어서 있으며 그 사이사이에 재실과 정자들이 제법 촘촘하게 위치해 있다. 역사가 오래된 만큼 순천박씨 문중 관련 유적들이 적지 않고, 경모재처럼 간혹 타성의 자취들이 남아 있기는 하지만 그래도 대부분이 의성김씨 문중과 관련된 재실이거나 정자이다. 최근에 덕천서원까지 복원하면서 윤동마을은 의성김씨 집성촌으로서 그 기반을 확고하게 다졌다고 볼 수 있다.

의성김씨 문절공파 문중은 선조를 추모하기 위한 '추원보본

追遠報本'의 정성 어린 의지를 바탕으로 윤동마을의 터전을 오랫동안 갈고 닦아 지금의 모습으로 완성하였다. 그리고 그 중심축에 종가가 있었다. 문절공종가의 종손·종부들은 대대로 그랬듯이 현재도 종가와 마을을 지키며 문중의 중심으로 또 상징으로 살아가고 있다. 종택을 지키는 종손·종부의 모습에서 미래의 종가가 그려지는 것은 과거는 현재의 거울이고 현재는 미래의 거울임을 알기 때문이다.

제2장

종가의 역사와 사람들

종가의 역사와
사람들

1 종손과 종부의 계보

1) 문절공文節公 김용초金用超

의성김씨 문절공파의 파조 김용초는 호가 내성재內省齋이고, 시호가 문절文節이다. 1329년(충숙왕 16)에 경기도 용인에서 태어났다. 어릴 때부터 문무에 다재다능하고 활쏘기와 말타기에 뛰어났다고 한다. 『고려사절요』 기록에 따르면 고려 충정왕忠定王 때 문과에 급제해 1392년(공양왕 4)에 밀직부사에 임명되었다고 한다. 이 당시 왜적이 양광도에 침범하자 정도전鄭道傳 등과 함께 왜적 100여 명을 사살하면서 그 일대를 평정했다는 일화가 전해진다. 『고려사』의 '공민왕세가恭愍王世家' 부분에 활을 잘 쏘아서 공민

문절공 김용초의 묘소. 성주군 대가면 옥성2리 안터(내기) 와야산瓦也山에 있다.
원래 김천시 부항면에 있었는데, 수몰 위기에 처해 근년에 여기로 옮겨 왔다.

왕이 말과 안장을 하사했다는 기록이 있는데, 이러한 사실은 백문보白文寶(1303~1374)의 「홍무 4년 어가가 장단에 행차하셨으므로 주상 전하를 배알하다[洪武四年駕行長湍拜獻主上殿下]」라는 7언 고시에도 잘 나타나 있다. 백문보는 이때 벼슬에서 물러나 향촌에서 노년을 보내고 있었고, 마침 홍무 4년, 즉 1371년(공민왕 20) 3월 봄에 공민왕이 장단長湍에 거둥하자 찾아가 배알하고 이 시를 지었다. 임금의 은혜에 감사하며 임금의 행차와 덕을 칭송한 내용으로, 당시 공민왕의 행차는 정릉靖陵과 헌릉憲陵을 참배하기 위한 것이었다. 김용초가 나오는 부분만 발췌해 보면 아래와 같다.

수레 앞 무사들 모든 젊은이,	駕前虎賁皆少年
활 당겨 화살 쏘니 백보천양이라.	張弓發矢百步穿
그중에 두 영웅 김용초와 이옥은,	箇中兩雄金與李
뛰어난 정력 어찌 그리 펄펄한가.	精力拔萃何翩翩
임금님 마구간의 비룡마에 옥안장을 얹어,	天廐飛龍障玉鞍
상으로 내리고 받는 모습 반열에서 빛나네.	輟賜拜受光班聯

백문보白文寶, 『담암일집淡庵逸集』 권1

어가를 호위하는 젊은 무사들이 활을 쏘는데 '백보천양百步穿楊'처럼 백발백중이었던 것 같다. 백보천양은 초楚나라의 양유기養由基라는 사람이 백 걸음 떨어진 곳에 있는 버들잎에 화살을 쏘면 백 번 발사해 백 번을 맞힌다는 고사에서 온 말로, 활 솜씨가 매우 뛰어난 것을 가리킨다. 그 가운데 김용초와 이옥李沃이 매우 두드러졌고, 공민왕이 그들에게 말과 안장을 하사하는 모습이 그려져 있다. 김용초가 어려서부터 활쏘기 실력이 좋았다는 사실이 잘 나타나 있는 부분이다. 김용초는 태조 이성계를 도와 조선 건국에 참여하여 개국원종공신開國原從功臣이 되었으며, 호남도병마도절제사와 충청도병마도절제사를 지냈다. 1406년(태종 6) 김용초가 세상을 떠났을 때 태종이 신하를 보내 제사를 지내게 하였다. 조선왕조실록에 다음과 같은 졸기가 기록되어 있다.

이조참판 김수덕의 제단비 ▲

제단비 전면 ▼

이조참의 김종사의 묘소. 그 위로 성균진사 김화와 문절공의 묘소가 차례로 보인다.

김종사의 묘비

전 충청도병마도절제사 김용초金用超가 졸卒하니, 빈소에 사제賜祭하였다. 김용초는 의성현義城縣 사람인데, 성품이 질박하고 곧으며, 무재武才가 있었다. 아들이 셋이니, 김화金華(和의 오기인 듯)·김경金鏡·김감金鑑이다.

김용초는 조선 개국 후 성주 대가면 안터마을로 낙남落南하였고, 만년에는 김천 부항釜項에서 거주하다 별세하였다. 김용초의 장남 김화부터 김종사, 김귀손으로 이어지는 종손들에 대해서는 알려진 행적이 거의 없다. 진사 김화와 성산이씨가 혼인하여 김종사를 낳았고, 김종사와 양천허씨가 결혼해서 귀손·중손·윤손·계손을 낳았다. 김종사는 이조참의에 증직되었으며 이에 따라 부인 양천허씨는 숙부인의 작호를 받았다. 그리고 김귀손은 부사직副司直을 지냈으며, 성주배씨와 혼인해서 김윤적을 낳았다. 이들의 묘소는 현재 대가면 옥성리 안터마을에 있다. 문절공의 부친 이조참판 김수덕의 제단비祭壇碑 아래로 문절공, 김화, 김종사의 묘소가 높이를 달리해 순차적으로 자리 잡고 있다. 김귀손과 김윤적의 묘소도 이곳에 있다.

2) 사우당四友堂 김관석金關石과 순천박씨順天朴氏

김윤적과 월성이씨가 혼인해서 낳은 아들이 곧 사우당 김관석이다. 사우당은 1505년(연산군 11)에 태어나 1542년(중종 37) 38세의 나이로 세상을 떠났다. 정종로가 쓴 묘갈명에 그에 대한 일화들이 다음과 같이 전하는데, 주로 사우당의 지극한 효성과 관련

된 것이다. 그는 짧은 생애 동안 정성을 다해 부모님을 봉양하였고 이로 인해 특별히 제릉참봉에 제수되었다. 그러나 부모님의 곁을 떠나는 것이 불효라 생각하였으므로 끝내 나아가지 않았다. 정종로가 쓴 사우당의 묘갈명에 다음과 같이 기록되어 있다.

홍치 연간 을축년(1505, 연산군 11)에 공이 태어났다. 어려서부터 풍모가 단아하고 정중하였으며 공손하고 온화하였으니, 여러 아이들과 어울려 장난치지 않았다. 항상 부모님을 곁에서 모시며 편안하게 앉아 독서하니 잠시도 곁을 떠난 적이 없었다. 가르침을 잘 받아들이고 말과 행동을 망령되게 하지 않아 어른과 같은 풍모가 있었다. 천성이 지극히 효성스러워 맛있는 음식이나 과일을 하나라도 얻으면 반드시 부모님에게 드리고 먼저 입에 대지 않았으니, 사람들이 모두 귤을 품었던 육씨가의 아이(육적陸績)에 견주어 칭찬했다. 장성해서도 받들고 따르는 도리를 끝까지 다하였고, 유순한 표정과 몸가짐으로 조금이라도 부모님의 뜻을 거스를까 두려워하였다. 부모님 가까이에서 봉양하며 맛있는 음식을 올리기 위해 힘을 쏟았으니, 부모님이 한밤에 혹시 배가 고프실까 염려하여 항상 침소 곁에서 불시에 찾을 때를 대비하였다. 선공(김윤적)께서 특이한 질병을 앓으신 적이 있는데 백약이 무효인지라 공이 매일 밤마다 목욕재계하고 하늘에 기도 드리길 자신이 그 병을 대신할 수 있도록 해 달라는 것이었다. 병이 마침내 나으니 듣는 사람들이 모두 효성에 감응한 것이라 여겼다. 이로 인해 조정에서 특별히 제릉참봉에 제수하였는데, 공이 몸 둘 바를 몰라 하며 말하길 "내가 불효하면서까지 이 관직을 얻는단 말인가!"라고 하며 결국 나아가지 않았다. 신주와 묘비에 직함을 쓰지 말라고 유언을 남기고, 가정 임인년(1542, 중종 37)에 38세의 나이로 돌아가셨으니 성주 고을 남쪽 토곡(토실)마을 간좌艮坐의 언덕에 장사 지냈다.

정종로鄭宗魯, 『입재집立齋集』 권34, 「참봉김공묘갈명參奉金公墓碣銘 병서並序」

사우당 김관석의 묘소. 성주군 수륜면 수륜리 토실(토곡) 금차산에 있다.

사우당은 어려서부터 부모님을 가까이서 모시며 그 곁을 잠시도 떠나지 않았다. 독서도 곁에서 할 정도로 그 의지가 강했던 것으로 보인다. 맛있는 음식이 생기면 항상 부모님께 먼저 드리고 자신이 절대 먼저 입에 대지 않았기에, 당시 사람들이 사우당을 육적陸績에 견주어 그 효성을 칭찬하였다. 육적은 중국 삼국시대 오吳나라 사람이다. 육적이 여섯 살 때 원술袁術을 만났는데, 원술이 귤을 내놓자 육적이 귤 세 개를 품 안에 넣었고 떠날 때 절

사우당 김관석의 묘비

을 하다가 귤이 땅에 떨어졌다고 한다. 원술이 이를 지적하자 육적은 어머니께 가져다드리려 했다고 해명하였고, 이를 보고 원술이 매우 기특하게 여겼다고 한다. 육적의 고사에 어린 사우당의 모습이 겹쳐지면서 그가 부모님께 어떻게 효도했는지 그 모습을 충분히 상상하게 만든다.

장성해서는 사우당의 효도가 더욱 깊고 세심해졌다. 온화한 표정과 예의 바른 몸가짐으로 부모의 뜻을 거스르지 않기 위해 최선을 다했으며, 부모님이 드실 음식을 꼼꼼하게 챙기는 것도 잊지 않았다. 그의 세심한 마음은 한밤에 부모님이 배가 고프셔서 불시에 자신을 찾을까 봐 침소 곁을 떠나지 않고 늘 대비하고 있었던 것에서 확연히 드러난다. 아버지 김윤적이 특이한 병을 앓았을 때는 매일 밤마다 목욕재계하고서 자신이 아버지 병을 대신하겠다고 간절히 기도하였다. 이러한 사우당의 효성이 널리 알려지자 조정에서는 특별히 그를 제릉참봉에 임명하였다. 그러나 그는 끝내 관직에 나아가지 않았다. 아니 어쩌면 애초부터 관직 생활을 할 마음이 없었던 건지도 모르겠다. 부모님 곁을 떠난다는 것 자체가 불효라고 생각했기 때문이다. 사우당은 오로지 부모님의 평안을 추구하며 직접적인 봉양을 잠시도 게을리하지 않았다. 그것만이 진정한 효도라고 여겼던 것 같다. 입신양명이 효도의 완성이라고 생각했던 시대에 그는 부모 곁을 떠나는 것 자체가 불효라고 생각했다. "내가 불효하면서까지 이 관직을 얻는단 말인가!" 제릉참봉을 사양했던 그 이유가 인상적이다.

사우당은 순천박씨를 배필로 맞이하면서 윤동과 인연을 맺었다. 그녀가 박탄朴坦의 딸로, 순천박씨 윤동의 입향조 박가권의 후손이었기 때문이다. 문절공이 성주 안터마을로 이거한 후 그 자손들이 내기內基(안터마을)에 정착했다는 것은 앞에서 언급했다. 사우당은 부모님을 극진히 봉양하며 그 곁을 떠나지 않으려

했기 때문에 그가 윤동에서 많은 시간을 보냈던 것 같지는 않다. 더욱이 사우당은 일찍 세상을 떠났으므로, 순천박씨가 윤동에서 남편을 대신해 집안의 중심을 지키며 아이들을 보살피고 집안을 이끌었다. 의성김씨 수륜동 역사의 본격적인 서막은 이렇게 시작되었다. 정종로가 쓴 사우당의 묘갈명에는 부인 순천박씨에 대한 기록이 아래와 같이 나와 있다.

> 부인 순천박씨는 박탄朴坦의 딸로, 판윤공 박가권의 5대손이다. 일찍 과부가 되었으나 집안을 다스림에 법도가 있었고 여러 아이들을 교육시켜 문학을 성취시켰으니 자손들이 과거에 급제하는 경사가 부인의 대에서 많이 일어났다. 공보다 56년 후에 손자 정룡廷龍의 부임지인 예안에서 돌아가셨다. 당시 임진왜란으로 인해 상주 사벌리에 임시로 묘를 썼다가 이후 두 번째 경인년이 되었을 때 공의 묘소 아래로 옮겨 부장祔葬하였다. 네 아들을 두었는데, 부호군 담로, 담년, 참봉 담수, 생원 담기이다.
>
> 정종로鄭宗魯, 『입재집立齋集』 권34, 「참봉김공묘갈명參奉金公墓碣銘 병서並序」

그녀가 판윤공 박가권의 후손이며, 일찍 홀로되었다는 사실이 잘 나타나 있다. 그럼에도 순천박씨는 집안을 엄격하게 다스리며 아이들 교육에 정성을 쏟았고, 이러한 노력은 그녀의 대에서 과거 급제한 자손들이 많이 배출되는 것으로 결실을 맺었다. 맏아들 김담로는 정종로가 부호군이라 지칭한 것으로 보아 무과 시험에 합격한 것으로 파악된다. 족보에 의거하면 셋째 아들 김담수는 1564년(명종 19) 사마시에, 막내아들 김담기는 1573년(선조 6) 생원시에 합격했다. 대산大山 이상정李象靖(1711~1781)이 쓴 김담수의 행

사우당과 순천박씨의 아들·손자

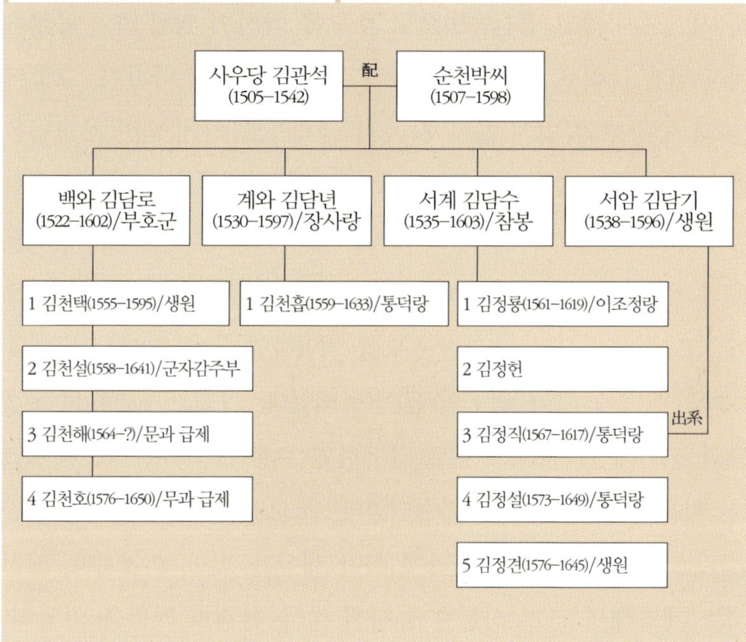

장에는 김담수가 어머니의 뜻을 받들어 과거 공부에 매진해 갑자년(1564)에 사마시에 합격했다는 기록이 나온다. 그러나 뒤따르는 기록에 "잦은 병 때문에 과거 시험을 보는 것이 어렵게 되자 어머니께 말씀드려 과거 공부를 그만두고 마침내 자신이 좋아하는 학문을 하게 되었다."라고 되어 있다. 정종로가 김담수를 참봉이라 한 것은 1591년(선조 24)에 선공거참봉에 제수된 적이 있기 때문이다. 과거 급제자는 손자 대에서도 끊이지 않고 배출되었다. 그 실제를 위와 같이 도표로 정리해 보았다.

사우당과 순천박씨의 아들들 그리고 그 손자들은 부모의 뜻을 거스르지 않고 입신양명으로 효도를 다하기 위해 과거 공부에 매진했다. 그리고 한 명씩 한 명씩 그것을 성취해 나갔다. 그중에는 과거 공부와 맞지 않아 사마시 급제라도 하게 되면 부모님을 설득해 자신이 좋아하는 학문으로 나아간 경우도 있다. 서계 김담수가 그러했고, 그의 맏조카 사봉 김천택도 그러했다. 김천택의 동생 계봉溪峰 김천설金天渫은 형을 따라 한강 정구의 문하에 들어갔고, 선무랑으로 군자감주부를 역임하였다. 성호星湖 김천해金天瀣도 형들을 따라 정구의 문인이 되었다. 그리고 1624년(인조 2) 문과 시험에 을과乙科 7위로 급제하였는데, 그의 나이 61세 때였다. 이듬해에 전적典籍에 제수되었다. 조모 순천박씨와 아버지 김담로, 그리고 맏형 김천택까지 이미 세상을 떠난 후였지만, 김천해는 계속해서 과거 시험에 응시해 결국 합격의 기쁨을 안았다. 김천해가 환갑이 될 때까지 과거 시험을 포기하지 못했던 이유는 무엇이었을까? 이유가 한 가지일 수는 없겠지만, '입신양명'을 이루어 끝까지 효도를 다하고자 했던 것은 분명해 보인다. 김담로의 막내 아들 동천東泉 김천호金天灝는 처음에 봉사奉事에 제수되었다가 1607년(선조 40) 무과에 급제하여 호분위좌랑을 역임했다. 김담년의 아들 김천흡도, 김정룡을 비롯한 김담수의 다섯 아들들도 모두 일정한 성취를 이루었다. 일찍 홀로된 순천박씨가 남편 없이 집안을 다스리고 일구느라 심신이 얼마나 고단했을지 상상만 해도 알 수 있을 것 같다. 그래도 90이 넘도록 장수하며 아들과 손자들의 성취를 직접 보고 증손자들의 봉양까지 받았으니 아마 노년에는 그에 대한 보람과 행복으로 젊은 날의 고생을 기쁘게 추억했을지도 모르겠다.

순천박씨가 아들을 어떻게 교육했는지는 셋째 아들 김담수의 묘지문에서 어느 정도 그 면모를 살펴볼 수 있다. 그리고 그녀가 끼친 영향력이 지대했음을 알 수 있다.

> 어머니의 성품 또한 엄격하고 단기절발斷機截髮의 풍모가 있었다. 공(담수)은 어머니의 뜻을 받들어 마침내 경학에서 득력得力하였고 스승과 벗으로부터 학문의 도움을 많이 받았으니 사람들이 현명한 어머니에게 현명한 자식이 있다는 것을 알게 되었다.
>
> 김담수金聃壽, 『서계선생일고西溪先生逸稿』 권3 부록附錄, 「묘지墓誌」(조정융趙挺融 찬撰)

순천박씨는 '단기斷機'의 경계로 아들이 부지런히 공부하도록 엄격하고 단호하게 독려하였으며, '절발截髮'의 정성으로 아들의 스승과 벗을 극진히 대접했다. '베틀을 자른다[斷機]'는 것은 맹자가 어려서 공부를 중단하고 집에 돌아왔을 때 맹자의 어머니가 베틀에서 짜던 베를 칼로 자르고는 "네가 공부를 중단한 것은 내가 이 베를 자른 것과 같다."라고 꾸짖어 경계한 고사를 가리킨다. 어머니의 훈계로 마침내 맹자는 큰 유학자가 된 것이다. 또 '머리카락을 자른다[截髮]'는 것은 중국 진晉나라 때 도간陶侃의 모친이 자신의 머리카락을 잘라서 돈을 마련한 다음에 자기

사우당 김관석의 유적비

아들의 친구를 대접했다는 고사를 가리킨다. 순천박씨의 풍모를 이러한 고사에 비유하고, 그 결과로 김담수가 경학에 통달하였으며 또 스승과 벗으로부터 학문의 도움을 많이 받았다고 한 것이다. "현명한 어머니에게 현명한 자식이 있다."라는 말에서 순천박씨의 자식 교육이 얼마나 대단했는지를 짐작할 수 있다.

3) 백와栢窩 김담로金聃老

사우당의 장남이자 문절공의 6대 종손 백와 김담로에 대해서는 알려진 행적이 거의 없다. 『의성김씨대동보』에는 '선조 임인년(1602)'에 별세했다고 되어 있으나 이것은 오기인 것 같다. 김담로는 임진왜란 이후 정유재란이 일어나기 전 어느 해에 세상을 떠난 것으로 보이는데, 이는 동생 김담수가 지은 시의 제목과 어머니 순천박씨가 별세한 때가 1598년이라는 사실을 연결 지어 보면 어느 정도 가늠이 된다. 그 시 제목은 다음과 같다.

> 예전 임진년에 형제 네 사람이 어머니를 모시고 가야산 뒤로 피란하여 기쁨과 슬픔을 함께하였다. 그 뒤에 형제들은 서로 이어서 세상을 떠났고 나만 홀로 어머니 곁에 남아 있다. 슬픔과 탄식을 이기지 못하여 절구 한 수를 적는다.[昔在壬辰 兄弟四人 奉母避亂于倻山之北 欣慽共之 厥後兄弟相繼而逝 我獨在親傍 不勝悲惋 因述一絶]

임진왜란 당시 김담로를 비롯한 4형제는 어머니 순천박씨를 모시고 가야산으로 피난했다. 그리고 그곳에서 형제들은 전쟁의 고통을 함께 겪었다. 이때 막내 김담기가 먼저 세상을 떠났고, 그 뒤에 맏이인 김담로가, 그리고 그 뒤 정유재란이 일어난 1597년(선조 30)에 둘째 김담년이 세상을 떠난 것으로 보인다. 임진왜란 직후 순천박씨가 막내아들을 잃은 슬픔에 통곡하며 상심하자 김담수가 그 마음을 풀어 드리기 위해 더욱 극진히 봉양했다는 기록이 김담수의 행장에 나온다. 김담수가 앞의 시를 지었을 당시는 1598년 어머니가 돌아가시기 직전 어느 때쯤이었던 것 같다. 이 당시 그는 어머니와 함께 전쟁을 피해 자신의 맏아들 김정룡이 수령으로 있던 예안 근처에 잠시 머물고 있었다. 아들에게 누가 될까 봐 어머니만 관아에 모셔다 놓고 자신은 그 근처에 머물면서 오며 가며 어머니를 보살폈다. 전쟁의 혼란이 완전히 가시지 않은 상황에서 어머니가 돌아가시자 김담수는 상주 죽암 근처에 임시로 묘를 쓰고 그곳에서 여묘살이를 했다. 그렇게 보내는 시간 속에서 그는 죽암의 산수에 마음을 두게 되었고 결국 그곳에서 남은 삶을 보내고자 하였다. 이즈음이었던 것 같다. 김담수가 맏형 김담로를 그리워하며 시를 지었던 것이. 꿈에서 맏형을 보고 난 후의 느낌을 시로 읊었는데, 바로 다음의 작품이다.

꿈에서 맏형을 만난 감회를 쓰다.[夢見伯兄 因感有述]

죽을 때 작별도 못 했으니 통곡해도 소용없어,	歿無相訣哭無憑
외롭게 홀로 남았으니 아픔은 날마다 더하는구나.	孑孑孤身痛日增
갑자기 꿈에서 만나 옛날처럼 즐거웠는데,	夢裡忽逢歡若昔
깜짝 놀라 깨어 보니 눈물만 가슴을 적시네.	寤來驚覺涕垂膺

김담수金聃壽, 『서계선생일고西溪先生逸稿』 권1

임진왜란 그리고 정유재란까지 전쟁의 소용돌이 속에서 4형제는 서로를 깊이 의지하며 연로한 어머니를 더욱 세심하게 보살폈다. 그러나 형제들이 연달아 세상을 떠나고 이제는 어머니마저

계시지 않으니, 김담수는 외롭고 가슴이 아파 견디기가 쉽지 않았던 듯하다. 맏형 김담로를 만나 옛날처럼 즐거웠는데, 깨어난 후 꿈이었음을 깨닫고 한없이 그립고 슬픈 마음을 시로 읊조린 것이다. 김담수에게 맏형은 큰 의지처였던 것 같다. 이 시에 앞서 「맏형을 기억하며[憶伯兄]」라는 시를 한 편 더 남겼는데, 그 내용은 아래와 같다.

한 기를 나누어 받아 형제가 되었으니,	一氣分來作弟兄
옷과 음식 전해 주며 함께 기뻐하였지.	傳衣傳食共欣驚
영원한 이별 마음 아파 슬퍼해도 어쩔 수 없어,	傷心永隔悲無奈
멍하니 가야산 바라보니 눈물만 절로 흐르네.	悵望倻山淚自傾

김담수金聃壽, 『서계선생일고西溪先生逸稿』 권1

전쟁으로 고향을 떠나온 형편에 홀로 남은 신세가 되고 보니, 믿고 따랐던 맏형에 대한 기억이 더욱 사무쳤을 것이다. 맏형을 다시 볼 수 없다는 슬픔에 김담수는 슬퍼하고 또 슬퍼했다.

김담로는 김순金珣의 딸 선산김씨와 혼인하였다. 선산 지역에 거주했던 김순은 1522년(중종 17) 문과에 급제하여 충청도사忠淸都事와 형조정랑을 지낸 인물이다. 두 사람 사이에는 5남 3녀가 있다.

4) 사봉沙峰 김천택金天澤

김담로의 장남이자 사우당의 장손, 그리고 문절공의 7대 종손은 사봉 김천택이다. 그는 여러 동생들을 직접 어루만지고 사랑하였으며, 방법을 극진히 해서 인도하였다. 집안의 맏이로서 또 종손으로서 그 책임과 역할에 충실했던 것이다. 김천택의 행적은 정종로가 쓴 행장을 통해 대략이나마 파악할 수 있다.

> 사봉沙峰 아래에 집 한 칸을 지어 여러 동생들과 그곳에서 독서하며 날마다 의리를 강론하였다. 또한 한강 정구 선생을 좇아 질의하며 배움을 청하니 크게 터득한 바가 있었다.
>
> 정종로鄭宗魯, 『입재집立齋集』 권43,
> 「성균생원사봉김공행장成均生員沙峰金公行狀」

사봉 아래에 지은 집은 훗날 중수한 사봉정이다. 평소에 "사람이 배우지 않으면 말과 소에 옷을 입혀 놓은 것과 같다."라고 이야기했을 만큼, 김천택은 동생들을 데리고 독서와 강론에 매진하였다. 그리고 한강寒岡 정구鄭逑(1543-1620)의 문하에 나아가 배움을 청했다. 김천택이 정구의 문하에 나아가자 둘째 김천설도 셋째 김천해도 모두 맏형을 따라 그 문하에 들어갔다.

> 공의 품은 뜻이 과거 시험에 있지는 않았지만 부모님의 뜻을 어기기 어려운 나머지 과거 공부에 매진하여 사마시에 급제하였다. 그러나 결국 과거 공부를 그만두고 산수 간에서 노년을 마칠 계획을 세웠다.
>
> 정종로鄭宗魯, 『입재집立齋集』 권43,
> 「성균생원사봉김공행장成均生員沙峰金公行狀」

『효경』에 "자신의 몸을 바르게 세우고 바른 도를 행하여 이름을 후세에 드날림으로써 부모님을 드러나게 해 드리는 것이 효의 마지막이다.[立身行道 揚名於後世 以顯父母 孝之終也]"라고 하였다. 이 시대에 출세해서 이름을 드날리는 것은 과거 급제가 가장 빠르고 확실한 길이었다. 부모님의 뜻을 어기기가 어려웠다는 말 속에는 효도에 대한 시대적 요구와 그로 인한 내적 갈등이 포함되어 있다고 봐야 할 것이다. 김천택은 1585년(선조 18) 31세 때 생원시에 급제한 후 과거 공부를 그만두고 산수에서 은거하며 좋아하는 학문에 몰두하고자 하였다. 그러나 이런 삶이 오래 지속되지는 못했다. 7년 뒤 임진왜란이 일어났기 때문이다. 김천택은 처음에 부모님을 모시고 가족들과 함께 산골짜기로 피신했으나, 당시 선조가 도성을 떠나 피난길에 올랐다는 소식을 듣고 의병을 일으켰다.

> 임진왜란 때 영남이 먼저 무너지니 공은 부모님을 모시고 산골짜기로 피했다. 임금이 도성을 떠나 피난길에 올랐다는 소식을 듣고 동생과 두 아들에게 부모님 봉양을 명하고는 의병을 일으켜 망우당 곽재우의 군대로 나아가 함께 적을 토벌할 계책을 세웠다. 적을 상대하는 임기응변과 군대와 식량에 대한 조치가 대단히 계획적이었는데, 이 사실이 『창의록』에 있다.
>
> 정종로鄭宗魯, 『입재집立齋集』 권43,
> 「성균생원사봉김공행장成均生員沙峰金公行狀」

김천택의 숙부 김담수가 기록으로 남겼듯이 임진왜란이 일어나자 당시 윤동의 가족과 친족들은 모두 함께 가야산 골짜기로 피신했던 것 같다. 김천택은 맏이로서 부모님을 비롯한 자신의 가족들을 직접 챙기면서 피난을 이끌었을 것이다. 그런데 그때 임금이 도성을 떠났다는 소식을 듣게 된다. 그는 동생과 두 아들에게 부모님의 봉양을 맡기고, 의병을 일으켜 망우당忘憂堂 곽재우郭再祐(1552-1617)의 진영에 합류했다. 합류하자마자 김천택은 곽재우를 도와, 솥바위나루[鼎巖津]를 건너려던 왜군을 격퇴하고 의령·삼가三嘉·합천을 지켜 내면서 왜군이 전라도로 진격하려는 길목을 차단하는 데 힘썼다. 이후에는 제1차 진주성 전투에 참전해서 군량미 보급을 비롯해 진주성 전투를 대승으로 이끄는 데 일조했다. 이듬해 1593년(선조 26)에는 곽재우가 성주목사로 부임해서 삼가에 악견산성岳堅山城을 쌓자 여기에도 힘을 보탰다. 1595년(선조 28) 창녕의 백성들이 식량과 무기 등을 싣고 화왕산성으로 집결해 무너져 가는 화왕산성을 수리하며 왜군 침입에 대한 방어를 시작했다. 그러자 김천택 또한 화왕산성으로 들어가 산성을 보수하고 지키기 위해 애를 썼는데, 그러던 중 누적된 피로로 병을 얻어 진중에서 순절했다. 김천택이 임진왜란 때 의병을 일으켜 세운 공적은 『창의록倡義錄』에 실려 있다.

김천택은 임종 당시 세 가지를 큰 한으로 여겼는데, 곧 부모에 대한 봉양을 끝까지 마치지 못한 것, 국난이 평정되는 것을 보지 못한 것, 두 아들을 학문적으로 성취시키지 못한 것이었다. 귀와龜窩 김굉金㙆(1739-1816)은 김천택의 묘갈명을 쓰면서 김천택이 죽기 전에 이렇게 세 가지를 대한大恨으로 여겼다고 요약하였다. 정종로가 쓴 행장은 아래와 같이 좀 더 자세하게 기록되어 있다.

> 왜란이 일어난 지 4년 만에 나랏일에 힘쓰다가 병이 생겨 마침내 돌아가셨다. 장남 즙檝에게 유언하길 "내가 적이 평정되는 것을 보지 못하고 또 부모님을 끝까지 봉양하지 못하고 죽으니 어찌 눈을 감을 수 있겠느냐. 너는 내 뜻을 받들어 충효에 힘쓰거라. 또한 선비들이 오로지 과거 공부에만 힘쓰고 실제 공부를 알지 못하면 끝내 속유俗儒가 되는 것을 면하지 못할 것이다. 너는 한강 정구 선생을 찾아가 뵙고 문로門路의 조예를 익히는 것이 옳을 것이다.
>
> 정종로鄭宗魯, 『입재집立齋集』 권43,
> 「성균생원사봉김공행장成均生員沙峰金公行狀」

왜란이 일어난 지 4년, 전쟁이 완전히 종식되지 않은 가운데 병을 얻은 김천택은 진중에서 사망했다. 죽음을 앞두고 그가 아들 김즙에게 유언으로 남긴 것은 '충효'와 '학문의 본질을 위한 실제 공부'였다. 의병을 일으켜 왜적을 물리치기 위해 힘을 쏟았지만 적이 완전히 평정되는 것을 보지 못한 채, 부모님보다 앞서 죽으니 그 봉양을 끝까지 마치지 못하고 눈감아야 했던 김천택의 한스러움이 잘 묻어나 있다. 또 두 아들 김즙과 김니金柅의 학문 성취를 보지 못한 것이 안타깝고 걱정되었을 것이다. 그럼에도 김천택은 아들에게 과거 공부에만 몰두하는 속유俗儒가 되지 말고 진정한 학문을 위해 노력하라고 당부하였다. 그리고 한강 정구의 문하에 나아가 제대로 공부할 것을 주문하였다.

사봉 김천택의 묘소. 성주군 수륜면 수륜리 토실(토곡) 금차산, 사우당 묘소 아래에 있다.

김천택의 첫 번째 부인은 이호인李好仁의 딸이자 대사성 이철균李鐵均의 증손녀인 성산이씨이고, 두 번째 부인은 창녕조씨이다. 2남 2녀를 두었는데 그 첫째가 곧 퇴은 김즙이다.

5) 퇴은退隱 김즙金檝

김즙은 1575년(선조 8)에 태어났다. 김천택의 장남이자 사우당의 증손자, 그리고 문절공의 8대 종손인 김즙은 21세에 아버지의 임종을 지키며 유언을 들었다. 어리지도 않지만 그렇다고 많지도 않은 나이에 김즙은 맏이로서 종손으로서 큰 책임을 안게 된 것이다. 귀암歸巖 이원정李元禎(1622–1680)이 쓴 김즙의 묘갈명에 그의 행적이 나타나 있다.

> 성품이 지극히 효성스러워서 살아 있는 분을 봉양하고 돌아가신 분을 섬기는 것을 능히 정성과 공경으로 하였다. 19세에 모친상을 당하고 21세에 부친상을 당해 대를 이어 승중손이 되었다. 조부상과 증조모상을 당해서는 9년 동안 여막살이를 하며 마치 하루처럼 예를 실천하였다. 동생들을 가르치고 보살폈으며 여러 아들들을 통솔하고 격려하였으니 모두 가법家法에 따라 하였다. 일찍부터 한강 정구 선생을 따르며 듣지 못한 바를 더욱 익히고, 경전과 역사서를 연마하며 과거 공부를 하였으나 고단한 운명으로 때를 만나지 못했다.
>
> 이원정李元禎, 『귀암집歸巖集』 권8, 「처사김공묘갈명處士金公墓碣銘」

사우당이 그랬듯이 그의 자손들은 대대로 효성이 지극했다. 보고 느끼며 자라는 것이 가장 큰 교육이 된 것이다. 김즙 역시 그랬다. 그러나 김즙은 임진왜란이라는 전쟁 속에서 불행을 거듭 겪게 된다. 1593년(선조 26) 19세에는 어머니 성산이씨가, 1595년(선조 28) 21세에는 아버지 김천택이, 그로부터 얼마 지나지 않은 어느 즈음에는 조부 김담로가, 그리고 1598년(선조 31) 24세에는 증조모 순천박씨가 세상을 떠났다. 잇따라 상례를 치르는 동안 그는 몹시 고통스러웠을 것이다. 하지만 고통과 슬픔에 매몰되어 있을 수는 없었다. 집안과 문중을 이끌어 가야 하는 막중한 책임을 떠안게 되었기 때문이다. 이미 돌아가신 아버지 대신 승중손承重孫이 되어 제사를 주관하고는 있었지만, 집안의 어른이 버팀목으로 계실 때와는 그 책임과 의무에 대한 중압감이 사뭇 달랐으리라 짐작된다. 24세의 나이에 김즙은 집안과 문중의 실질적 리더가 되었고, 이에 따라 동생과 아들들을 가법家法에 따라 통솔하고 인도하였다. 또한 아버지 김천택의 유언에 따라 정구의 문하에 나아가 학문을 더욱 연마하였다. 더불어 과거 공부에도 힘을 쏟았다. 그러나 끝내 과거 급제의 성취는 이루지 못했다. 어쩌면 당연했다. 전쟁과 함께 닥친 잇따른 상례에 심신이 지칠 대로 지쳤을 것이고, 동생과 아들의 교육에 대한 부담도 적지 않았을 것이다. 안팎으로 신경 써야 할 많은 문제들 속에서 김즙이 과거 공부에만 오롯이 집중하기 어려웠을 것임은 충분히 짐작하고도 남는다. 김즙이 전쟁 당시에 가족들을 이끌고 피난하며 겪은 참혹한 경험은 소산小山 이광정李光靖(1714-1789)이 쓴 그의 행장에 구체적으로 묘사되어 있다. 다음 글을 보면 그가 얼마나 고단한 시간을 보냈는지 잘 알 수 있다.

21세에 또 부친상을 당했다. 이때 왜적이 횡행하여 힘들게 떠돌아다녔으나 상례의 절차에 예법과 애통함을 다 갖추었다. 증조모와 조부를 봉양하면서 비록 상란喪亂 중이라도 음식을 올리는 데 부족함이 없었다. 정유년(1597)에 왜적이 다시 침범하니 공은 여러 일가 및 마을 사람들과 까치산[鵲山] 깊은 골짜기로 피난했다. 하루는 아침에 밥을 먹기도 전에 서너 명의 왜적이 와서 숲 사이를 엿보고 있으니 왜적을 피하려는 사람들이 활을 쏘아

맞히고 돌을 던져 내쫓아 적들이 도망갔다. 여러 사람들이 모두 기뻐하며 걱정이 없다고 여겼는데, 공만 홀로 "불행이 또 이를 것이다."라고 하며 여러 일가들을 이끌고 산 정상으로 겨우 피신했다. 왜적이 이미 골짜기에 들끓고 있던지라 미처 피하지 못한 자들은 모두 왜적에게 죽임을 당했다.

이광정李光靖, 「퇴은선생김공행장退隱先生金公行狀」(종가 소장)

부친상을 당했을 때는 여전히 왜적이 횡행할 때였다. 집으로 완전히 돌아가지 못한 채 피난 생활을 계속하고 있었던 것으로 보인다. 그럼에도 불구하고 김즙은 상례의 절차에서 '척이戚易'를 지극히 갖추었다. 『논어』「팔일八佾」에서 공자는 "예를 행할 때에는 사치스럽게 하기보다는 차라리 검소하게 해야 하고, 상을 당했을 때에는 형식적으로 잘 치르기보다는 차라리 마음속으로 애통한 심정을 가져야 한다.[禮與其奢也寧儉 喪與其易也寧戚]"라고 하였다. 이로부터 후세 사람들은 비문碑文을 지으면서 누가 거상居喪을 잘했다고 말할 적에는 대체로 '척이함비戚易咸備'라고 하였는데, 이것은 형식적인 예법과 애통한 심정이 모두 갖추어졌음을 가리키는 것이다. 전쟁 중에 부친상을 당해 경황이 없었을텐데도, 김즙은 증조모와 조부에게 올리는 음식을 정성껏 마련했다.

1597년 정유재란이 일어나자 김즙은 일가를 이끌고 마을 사람들과 까치산으로 피난했다. 종조부 김담수가 자신의 노모 순천박씨를 모시고 맏아들 김정룡의 근무지인 예안으로 피난 갔을 때였다. 이때 김즙은 아직 자식이 없었다. 맏아들 김시형金是瑩은 1605년(선조 38)에 태어났다. 젊은 김즙은 동생을 비롯한 일가들을 통솔하며 큰 위기를 모면했다. 긴박한 상황에서도 슬기롭고 의연하게 대처하는 그의 모습이 예사롭지 않다. 그것은 한 문중의 리더로서 막중한 책임을 버텨 내며 숙명의 삶을 살아 내는 종손의 모습과 겹쳐지고 또 연결된다.

> 복제服制를 마치고는 한강 정구 선생을 찾아뵙고 학문의 요체에 대해 들었다. 이미 경전과 역사에는 박학하였고 성리서性理書에 더욱 잠심하니, 정 선생이 "그는 덕이 두텁고 행동이 독실한 사람이다."라고 칭찬하였다.
>
> 이광정李光靖, 「퇴은선생김공행장退隱先生金公行狀」(종가 소장)

김즙은 복제를 마친 후에 아버지의 유언에 따라 한강의 문하에 들어가 본질적 학문을 연마했다. 이미 과거 공부로 경전과 역사에는 박학한 상태였고, 이때부터는 성리서에 더욱 잠심해서 그 의미를 깨닫고 실천하였다. 그래서 정구는 김즙을 두고 "덕이 두텁고 행동이 독실"하다고 칭찬한 것이다. 김즙은 성산배씨와 혼인하여 5남 1녀를 두었다. 성산배씨는 수군절도사를 지낸 배설裵楔(1551–1599)의 딸이다. 이원정이 김즙의 묘갈명을 쓰면서 성산배씨를 언급하길 "유순한 성품으로 덕에 어긋남이 없었고 집안을 다스리는 데 넉넉함이 있었으니 종친들이 모두 따랐다."라고 하였다. 이원정은 당시 김즙의 아들들과 직접적인 교유가 있었던 만큼 실제로 자기가 보고 느낀 바를 직접 글에 담았을 것이다. 짧은 기록이지만 성산배씨가 종부로서 어떻게 살았는지를 잘 보여 준다고 하겠다. 김즙의 아들들은 다음과 같다.

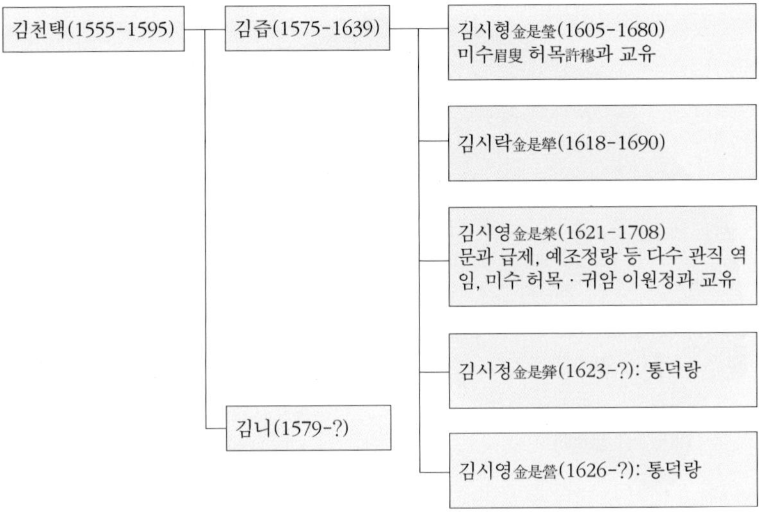

김즙의 장남 김시형은 1605년(선조 38)에 태어났다. 자가 옥여玉汝이고, 호는 영모암永慕菴이다. 족보에 미수 허목(1595-1682)과 교유한 사실이 기록되어 있다. 김시형이 허목과 인연을 맺은 것은 외삼촌 등암藤庵 배상룡裵尙龍(1574-1655)의 영향으로 보인다. 배상룡은 배설의 아들로, 김시형의 어머니 성산배씨와 남매간이다. 배상룡은 어려서 정구의 문인이 되었으며, 정구가 세상을 떠나자 여헌旅軒 장현광張顯光(1554-1637)을 스승으로 섬겼다. 그리고 1613년(광해군 5) 40세 때 당시 고령현감 허교許喬의 아들 허목의 관례에 참석한 계기로 허목과 친분을 맺고, 이후 오랫동안 친밀하게 교유하였다. 김시형은 외삼촌 배상룡을 따라 여러 학자들과 자주 어울렸고, 이로 인해 장현광의 문인이 되었으며 허목

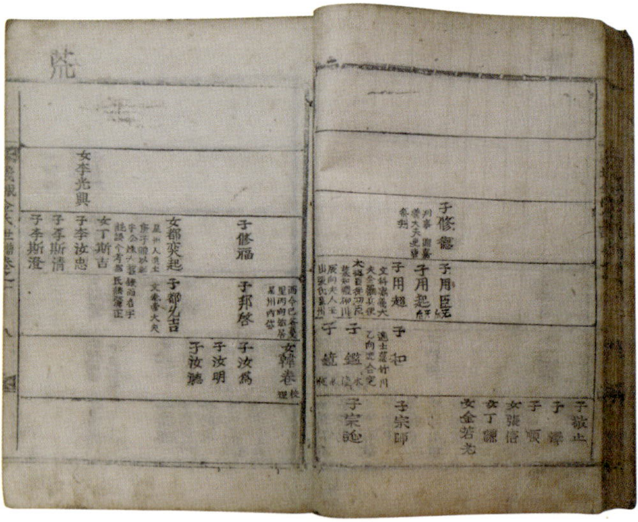

『의성김씨세보』

과도 교유했던 것으로 파악된다. 배상룡의 연보에는 그가 1595년(선조 28)에 사장査丈 김천택, 그리고 곽종석과 함께 화왕산성을 지켰다는 기록이 보이는데, 이때는 김즙과 자신의 누이가 혼인하기 전이었을 것이다. 대개 지역의 혼맥은 그 지역을 벗어나기보다는 지역 내에서 이루어지는 경우가 많은데, 아마 김즙과 성산배씨의 혼인도 이와 같은 인연 위에서 이루어진 것이라 생각된다.

김즙의 다섯 아들 가운데 김시락, 김시정, 김시영金是瑩에 대해서는 크게 알려진 것이 없다. 셋째 아들 김시영金是榮은 1648년(인조 26) 진사시에 급제하고 1657년(효종 8) 문과에 급제하여, 예조정랑 겸 춘추관기주관과 성균관직강 등을 역임했다. 맏형과 마찬가지로 허목과 교유하였으며 귀암 이원정과도 깊은 교분을 맺었다. 이원정은 경북 칠곡 출신의 학자로, 1648년(인조 26) 사마시를 거쳐 1652년(효종 3) 문과에 급제, 검열·교리부터 대사간·형조판서까지 여러 관직을 두루 역임한 인물이다. 김시영金是榮과 이원정은 사마시 동방同榜으로, 과거 공부를 함께하며 친분을 쌓았을 것이라 짐작된다. 이원정이 김즙의 묘갈명을 쓰면서 김즙의 여러 아들들에게 두터운 인정을 받았다고 기술한 것은, 곧 이러한 관계에 기인하는 것이었다.

종가의 역사와
사람들

2 종가의 후예들과 교류 인맥

문절공에서 사우당, 그리고 백와 김담로, 사봉 김천택, 퇴은 김즙까지 종손의 계보가 이어지면서 문절공종가의 역사도 길어졌다. 그 사이 종손들은 한결같이 극진하게 효도를 실천하며 일가들의 화목과 우애에 앞장섰다. 임진왜란이라는 전쟁에 부딪쳐서는 나라를 위해 애쓰다 순절하기도 하였다. 국가적이든 가문적이든 또 개인적이든 갖은 어려움을 겪었지만, 종가의 종손들은 '양생사망養生事亡' 즉 살아 있는 분을 봉양하고 돌아가신 분을 섬기는 일을 조금도 게을리하지 않았다. 그렇게 종가의 시간이 흐르고 있었다.

전쟁이 할퀴고 간 상처는 곳곳에 남았다. 문절공종가도 전쟁의 타격을 제대로 입었다. 김천택이 아들들의 성취를 보지 못하고 눈을 감는 것이 한스럽다고 한 것은 이러한 의미에서 여운이 남는다. 전쟁으로 황폐해진 모든 것을 재건해야만 했다. 선조들의 저술과 선조들의 손때가 묻은 건축 가운데 산실되거나 무너진 것들을 모두 다시 일구어야 했다. 문절공의 14대 종손 서간西澗 김준경金俊敬(1763-1833)이 “종가에 소장된 문고가 임진왜란에 다 타 버리고 겨우 남은 것이 몇 권에 지나지 않는다.”라고 한탄한 것처럼 이 집안의 저술들은 극히 일부만 현전한다. 그래서 후손들은 선조들의 행적을 기록으로 남기기 위해 많은 애를 쏟았다. 종손을 비롯한 종가의 후예들이 여러 가지 인연을 바탕으로 당시 저명한 문인들에게 부탁하고 받은 글들이 아래와 같다.

① 귀암歸巖 이원정李元禎(1622-1680): 김즙의 묘갈명(「處士金公墓碣銘」)
② 매헌梅軒 송명기宋命基(1680-1755): 김천택과 김즙의 행적 관련 기록
③ 소산小山 이광정李光靖(1714-1789): 김즙의 행장(「退隱先生金公行狀」)
④ 구당舊堂 조호연趙虎然[조목수趙沐洙](1736-1807): 덕천사 상량문(「德泉院宇上樑文」)
⑤ 입재立齋 정종로鄭宗魯(1738-1816): 김관석의 묘갈명(「參奉金公墓碣銘 並序」), 김천택의 행장(「成均生員沙峰金公行狀」), 김관석·김천택·김즙 덕천사 봉안문
⑥ 귀와龜窩 김굉金㙆(1739-1816): 김천택 묘갈명(「沙峰金公墓碣銘 並序」)
⑦ 응와凝窩 이원조李源祚(1792-1871): 사봉정 기문(「沙峰亭記」)

이 가운데에는 글쓴이의 문집에 수록된 것도 있고, 저술 흔적만 알 수 있는 것도 있으며, 문서로 받아 문중에서 보관해 온 것도 있다. ① 이원정이 쓴 김즙의 묘갈명, ⑤ 정종로가 쓴 김관석의 묘갈명과 김천택의 행장, 그리고 ⑥ 김굉이 쓴 김천택의 묘갈명과 ⑦ 이원조의 사봉정 기문 등은 저자의 문집에서 그 실제를 확인할 수 있다. 송명기는 김천택의 유사遺事를 썼다는 사실만 확인되며, 나머지 글들은 종가에서 보관해 온 것으로 짐작된다. 이원정이 쓴 김즙의 묘갈명에 아래와 같은 기록이 있다.

> 나(이원정)는 그의 여러 아들에게 두텁게 인정을 받았다. 비록 (퇴은)공의 마루에 오르지는 못하였으나 돌아보건대 그가 집안을 잘 다스리고 향내에서 저명한 것은 여러 어른들에게 들어서 잘 알고 있다. 이에 마땅히 명문銘文을 짓는다.
>
> 이원정李元禎, 『귀암집歸巖集』 권8, 「처사김공묘갈명處士金公墓碣銘」

앞에서 언급했듯이 이원정은 김즙의 셋째 아들 김시영과 특히 교분이 깊었고, 이러한 관계로 그 형제들과도 돈독하게 지냈던 것으로 보인다. 김즙에게 직접 배우지는 못했지만 당시 그의 학덕과 명망은 향내 어른들에게 익히 들어 알고 있던 터라면서, 명문 짓는 것을 당연하게 여겼음을 알 수 있다. 시기적으로 볼 때 후손들의 이 같은 노력은 18세기 후반부터 본격적으로 시작되었던 것 같다. 이원정이 쓴 김즙의 묘갈명을 제외하면 대부분 18세기 후반 이후에 지어진 것이기 때문이다.

다음 예문은 이광정이 김흡의 행장을 쓰게 된 배경을 스스로 밝혀 놓은 것이다. 1783년(정조 7)에 지었다고 기록되어 있다.

> (퇴은)공의 6대손 생원 준택俊宅과 준린俊隣 등이 생원 송명기宋命基 공의 기록을 가지고 와서 보여 주며 청하기를 "선조(퇴은)께서는 덕이 밝고 행실이 아름다운데 당세에 능히 드러내지 못하였고 또한 행장의 글이 없어 후손들에게 보여 줄 만한 것이 없으니 감히 이렇게 부탁드립니다."라고 하였다. 나(이광정)는 나이가 많고 필력이 시들해져 그 숨은 공덕을 드러내 알리기가 부족하므로 그 부탁을 사양하였으나 더욱 고집하기에 마침내 송 공의 기록에 근거해 대략 고쳐 쓴다.
>
> 이광정李光靖, 「퇴은선생김공행장退隱先生金公行狀」(종가 소장)

이광정이 김흡의 6대손이라 가리킨 김준택(1747-1822)과 김준린(1756-1807)은 김흡의 둘째 아들 김시락의 후손이다. 김준택은 김시락의 5대 주손胄孫으로, 1777년(정조 1) 31세 때 생원시에 급제하였다. 김준린은 김시락의 둘째 아들 김중항金重恒의 후손이다. 이 글을 부탁하던 당시에 종손은 김준경金俊敬(1763-1833)이었고, 나이는 21세였다. 위의 예문을 보면 37세의 김준택과 28세의 김준린이 70세의 이광정을 찾아가서 자신들의 선조 김흡의 행장을 부탁하는 모습이 그려진다. 아마도 종손을 비롯한 일가들의 뜻을 모아 대표 격으로 찾아간 것이리라. 이광정은 대산大山 이상정李象靖(1711-1781)의 동생으로, 형과 함께 당대 영남의 대표적인 학자로 추앙받았던 인물이다. 만년에 참봉, 교관敎官, 별제別提 등의 벼슬을 제수받기도 하였으나 나아가지 않고 평생을 강학講學에 힘썼다. 의성김씨 문중에서 선조의 행장을 이광정에게 부탁한 배경에는 그의 학자적 위상에 대한 신뢰와 지역 내외의 명망에 대한 기대 때문이었을 것이다.

김준택과 김준린은 이광정에게 6대조 김즙의 행장을 부탁하면서 송명기의 기록을 보여 주었다고 했다. 송명기의 기록이 현재 전하지 않기 때문에 그 글의 실체를 알 수는 없지만, 그가 김즙에 대한 행장류나 묘도 문자를 지었을 것으로 보인다. 그것을 바탕으로 이광정에게 행장을 지어 달라고 부탁한 것이다. 송명기(1680~1755)는 자가 정부定夫, 호가 매헌梅軒, 본관은 야성冶城이다. 경북 칠곡군에 세거를 시작한 아헌啞軒 송원기宋遠器(1548~1615)의 후손으로, 참판에 증직된 송희宋熙(1659~1686)의 아들이다. 어머니가 의성김씨인데 곧 김즙의 셋째 아들 김시영金是榮의 딸이다. 즉 송명기의 외할아버지가 김시영이며, 김즙은 그에게 외증조부인 셈이다. 송명기는 1727년(영조 3) 생원시에 합격하였으나, 벼슬에는 뜻이 없었고 선배 유학자들과 함께 성리性理의 이론을 추구하는데 몰두하는 등 지역 출신의 학자들과 활발하게 교유하며 학문을 연마했던 것으로 파악된다. 송명기가 김즙의 행적과 관련된 기록을 남긴 것은 이러한 인연에 기인하는 것이었다.

다음 그림은 문절공의 9대 종손 김시형 이후의 종손들을 간략하게 계보로 그려 본 것이다. 앞에서 언급한 김준경은 문절공의 14대 종손이다. 선조들의 행적을 드러내기 위한 노력은 문절공의 13대와 14대 후손에 이르러 활발해졌다.

9代		10代		11代		12代		13代		14代
金是瑩 (1605–1680)	→	金重鼎 (1629–1704)	→	金命鉉 (1672–1733)	→	金汝百 (1691–1733)	→	金東範 (1721–1772)	→	金俊敬 (1763–1833)
								生父: 汝千		生父: 徽範

↓

19代		18代		17代		16代		15代
		生父: 龜應		生父: 昊升				
金章熙 (1902–1925)	←	金樞烈 (1876–1946)	←	金千應 (1859–1886)	←	金昊周 (1812–1845)	←	金瑨 (1792–1842)

1794년(정조 18) 사림士林들의 발의로 사우당 김관석, 사봉 김천택, 퇴은 김즙 그리고 운암雲巖 김주金輳(1564–1636)의 학문과 덕행을 추모하기 위해 덕천사德泉祠를 창건하였다. 김주는 성주 출신의 문신 학자로, 본관이 해평海平이다. 정구와 송원기의 문하에서 수학하였으며, 1624년(인조 2) 문과에 급제하여 전적·공조좌랑·예조정랑 등 다수의 관직을 역임하였다. 의성김씨 문중은 지역 사림들의 뜻과 힘을 모아 덕천사 창건을 주도하면서 정종로에게 봉안문과 상향문을 청탁하였고, 정종로는 이듬해인 1795년(정조 19)에 의성김씨 문중 세 사람의 봉안문을 작성해서 준 것으로 보인다.

금상今上(정조) 18년 갑인년(1794) 겨울에 성주 사림들이 고인이신 참봉 김공(사우당 김관석), 손자 사봉(김천택), 증손자 퇴은(김즙) 세 공을 고을의 덕천사德泉祠에 함께 배향하고 나(정종로)에게 봉안문과 상향문을 청탁하기에 내가 사양하였으나 이루지 못해 거친 말로 책임을 메웠었다. 이듬해 을묘년(1795) 봄에 공의 8대손 지범之範 씨가 내 친구 조호연趙虎然이 지은 김 공의 행장을 보여 주며 묘갈명을 부탁했다. 내가 또 사양했으나 이루지 못해 삼가 왼쪽과 같이 쓴다.

정종로鄭宗魯, 『입재집立齋集』 권34, 「참봉김공묘갈명參奉金公墓碣銘 병서並序」

이 예문은 정종로가 사우당 김관석의 묘갈명을 부탁받고 써 주면서 글을 쓰게 된 동기와 배경을 함께 밝혀 놓은 부분이다. 1794년 겨울에 성주의 사림들이 사우당 김관석과 그 손자 김천택 그리고 그 증손자 김즙 세 사람을 덕천사에 함께 배향한다며 자신에게 봉안문을 부탁했다고 말하고 있다. 정종로는 처음에는 사양했지만 그 뜻이 받아들여지지 않아서 겨우 책임을 메웠다고 토로했다. 그런데 이듬해 봄에 사우당의 8대손 김지범이 찾아와서 사우당의 묘갈명을 연이어 부탁한 것이다.

김지범金之範(1737–1799)은 김즙의 셋째 아들 김시영金是榮의 4대 장손이다. 김지범을 비롯한 의성김씨 문중에서 당시 정종로에게 이러한 글을 부탁하게 된 인연은 무엇일까? 김지범이 정종로에게 김관석의 묘갈명을 청탁할 때 참고자료로 보여 준 것이 바로 구당舊堂 조호연趙虎然(1736–1807)이 쓴 김관석의 행장이다. 조호연과 정종로 두 사람은 동향(상주) 출신의 문신 학자로서, 연령도 비슷하여 매우 절친한 사이였다. 이는 정종로가 "내 친구 조호연[吾友趙虎然]"이라고 지칭한 것으로도 알 수 있다. 조호연은 자가 사위士威, 호가 구당舊堂, 본관은 풍양豐壤으로, 후에 목수沐洙로 개명하였다. 호연은 초명인 셈이다. 그는 검간黔澗 조정趙靖(1555–1636)의 후손으로, 아버지는 존성재存省齋 조석우趙錫愚(1721–1760)이다.

조석우는 문절공의 11대 종손 김명현의 셋째 아들 김여만金汝萬의 딸과 혼인함으로써 의성김씨 문중과 인연을 맺었다. 조석우와 의성김씨 두 사람의 아들인 조호연에게 사우당은 어머니의 8대 조부이다. 조호연의 숙부인 조석로趙錫魯(1725-1777)도 김시락의 3대 장손 김여명의 딸과 혼인하여 의성김씨 문중의 사위가 되었다. 조석로는 앞에서 등장한 김준택에게 외삼촌이 된다. 혼맥으로 연결된 기반 위에서 조호연은 김두범(김준택의 부父), 김지범과 활발하게 교류하였고 이러한 배경 위에서 사우당 김관석의 행장을 작성하고 덕천사 상량문을 쓰게 된 것이라고 하겠다.

정종로는 누구인가? 그는 대제학을 지낸 우복愚伏 정경세鄭經世(1563-1633)의 6대 종손으로, 대산 이상정의 문인이다. 성리학 연구와 강학·저술에 전념하여, 학문과 지조 있는 행실로 여러 번 관직에 천거되었다. 정조가 재상 채제공蔡濟恭에게 정종로의 인품을 물었을 때, 그는 정종로를 두고 "경학과 문장이 융성하여 영남 제일의 인물이다."라고 칭찬했다 한다. 정종로가 사우당의 묘갈명과 김천택의 행장, 그리고 덕천사 봉안문을 쓰게 된 배경의 기저에는 조호연과의 친분이 깔려 있었던 것으로 보인다. 더불어 당시 정종로의 학자적 위상이 높았으므로, 의성김씨 문중에서는 그에게 선조들과 관련한 저술을 받는 것이 공신력이나 파급 효과에 있어서 여러모로 득이 되었을 것이다. 정종로는 상주에 뿌리를 내린 서계 김담수와 그의 아들 월담 김정룡·국원 김정견 삼부자를 봉안한 낙암원우의 상량문도 작성한 바 있다.

아래는 정종로가 사봉 김천택의 행장을 쓰면서 그 동기와 배경을 밝힌 것이다.

> 공의 6대손 지범之範 씨가 그 재종제 굉범宏範을 보내 (사봉)공의 외현손 송명기 공이 쓴 (사봉)공의 유사遺事를 나에게 보여 주고 그 행장을 부탁하였다. 이 일이 또한 가볍지 않고 무거우니 내가 맡을 일이 아닌 것은 분명한데, 돌아보니 공의 덕이 아름다워 여러 번 말했지만 싫지는 않으므로 마침내 기록에 의거하여 오른쪽과 같이 찬술한다.
>
> 정종로鄭宗魯, 『입재집立齋集』 권43,
> 「성균생원사봉김공행장成均生員沙峰金公行狀」

김지범이 다시 등장한다. 그런데 이번에는 김지범이 정종로에게 직접 부탁하지 않고 자신의 재종제 김굉범을 보내 글을 부탁했다. 덕천사 봉안문과 사우당의 묘갈명을 부탁해서 받은 후 김천택의 행장을 부탁하기 위해 다시 정종로를 찾아간 것이다. 이 예문 앞에서 정종로가 "지난번에 성주의 사림들이 김천택의 조고祖考 김관석과 그의 아들 김즙을 덕천사에 배향하면서 그 봉안문과 상향문을 나에게 요청하기에 나의 불초함을 헤아리지 않고 외람되게 지었었다."라고 서술했기 때문이다. 그 후 사우당의 묘갈명을 부탁해서 받고 다시 김천택의 행장을 부탁하기 위해 김지범이 재종제 김굉범을 보낸 것으로 파악된다.

18세기 말엽, 성주 윤동의 의성김씨 문중은 지역 사림들의 뜻을 모아 덕천사 창건을 추진하면서 선조들의 행적을 현창하기 위한 노력에 분주했던 것으로 보인다. 기록에 의거해 주도적 역할을 했던 인물들을 정리해 보면 아래와 같다.

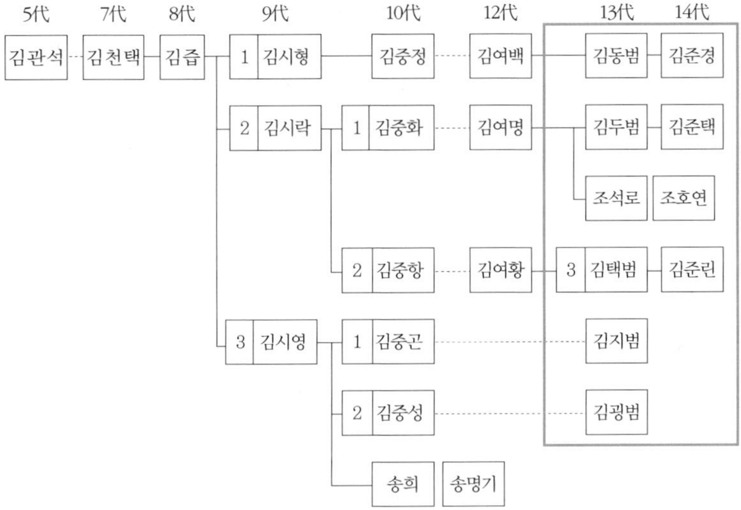

※ 대를 건너면 점선으로 표시, 앞에 숫자 표시가 없는 인물은 장남 또는 사위

앞에서 등장한 의성김씨 문절공파 문중의 인물들은 문절공의 13대 또는 14대 후손이다. 사우당 김관석, 손자 김천택, 증손자 김즙 세 사람을 배향하기 위한 덕천사 창건을 추진하면서 후손들은 여러 가지 노력을 기울였는데, 그중 하나가 선조들의 행적을 정리하고 현창하는 것이었다. 결국 이러한 노력들이 결실을 맺어 1795년(정조 19) 덕천사가 창건되었다. 이를 전후해서 후손들은 지역의 저명한 학자들에게 행장이나 묘갈 등을 부탁했던 것이

다. 이광정은 김준택과 김준린에게, 정종로는 김지범과 김굉범에게 부탁을 받았다. 그리고 이들이 참고가 될 만한 저술로 가지고 간 것이 김시영의 외손자 송명기의 글과 김여명의 외손자 조호연의 글이었다. 혼맥과 인맥이 겹쳐지는 기반 위에서 후손들은 선조들의 공적을 기리기 위해 최선을 다하고 있었다.

덕천사 창건이 진행될 당시 문절공의 14대 종손 김준경은 30세가 막 지났다. 이때 13대 종손 김동범은 세상을 떠난 후였으므로, 김준경이 종손으로서 그 책임과 역할에 많은 애를 쏟고 있었던 것으로 보인다. 그러나 아직은 젊었던지라 실질적으로는 문중의 어른들이 여러 일을 주도했고, 그 속에서 종손 김준경을 인도하고 지원했을 것이다. 그렇게 그는 종손으로서 자신의 역할에 점점 더 충실해지고 있었다. 아래의 예문은 김굉(1739~1816)이 김천택의 묘갈명을 쓸 때 그 동기와 배경을 간략하게 밝힌 부분이다.

> 사손嗣孫 준경이 나와 백세의 교분이 있다고, 지헌持憲 정종로가 지은 행장을 들고 와서 묘비문을 부탁하니 감히 사양할 수 없었다.
>
> 김굉金㙆, 『귀와집龜窩集』 권5, 「사봉김공묘갈명沙峰金公墓碣銘 병서並序」

김준경은 김굉을 찾아가 김천택의 묘갈명을 부탁했다. 정종로가 쓴 김천택의 행장을 가지고 갔던 것을 보면, 정종로가 행장을 쓴 시점보다 좀 더 뒤였음을 알 수 있다. 그렇지만 시간이 아주 많이 흐르지는 않았을 것이다. 김굉이 김준경을 가리켜 '사손

嗣孫'이라 한 것은 김준경이 종가의 가계를 계승하기 위해 입후되었기 때문이다. 그의 생부는 김휘범으로, 김동범과는 재종간이다. 김준경이 김굉에게 글을 부탁하면서 내세운 '백세의 교분'이란 무엇일까? 그것은 자신들의 분파에서 윗대로 계속 거슬러 올라가면 의성김씨 중시조 첨사공 김용비金龍庇에서 만난다는 것이다. 즉 성주에 거주하는 문절공 김용초의 후손들도 안동에 거주하는 김천金洊의 후손들도 한 조상으로부터 갈라져 지금에 이르렀음을 말한다. 김천은 김용비의 5대손이다. 김굉은 김천의 후손으로, 안동시 일직면 귀미리 출신이다. 할아버지는 김수천金壽天이고, 아버지는 생원 김광헌金光憲이며, 어머니는 남이로南以老의 딸이다. 어려서부터 인근에 거주하던 대산 이상정의 문하에 나아가 공부하였고, 1777년(정조 1) 39세 때 문과 급제 후 전적·지평·정언·단양군수 등을 역임하였으며 세자시강원문학을 거쳐 예조참판에 이르렀다. 김굉은 멀지만 같은 조상을 둔 후손이라는 인연으로 서계 김담수의 아들들인 월담月潭 김정룡金廷龍(1561–1619)과 그 동생 국원菊園 김정견金廷堅(1576–1645)의 문집에 서문을 쓰기도 하였다.

이처럼 종손을 비롯한 종가의 후예들은 선조들의 행적이 민멸될까 두려워하여 어떻게든 그 자취를 기록해 후세에 전하기 위해서 여러모로 애를 쏟았다. 혼반과 지연地緣으로 맺어진 인맥의 기반 위에서 이들은 지역 내 저명한 학자들과 교류하며 문자를 요청하고 획득했는데, 이것은 '추원보본追遠報本 제사필성祭祀必誠'에 대한 강한 의지에서 비롯된 것이었다. 먼 조상을 추모하고 근본에 보답하며, 제사는 반드시 정성으로 지내라. 문절공종가의 후예들은 이 말을 잊지 않고 늘 기억하며 작은 실천도 게을리하지 않았다.

3 문중 결속과 종가의 역할

종가의 명맥과 문중의 위세는 불가분의 관계에 있다. 이러한 상황은 현대로 내려올수록 더욱 뚜렷해진다. 종가가 잘 보존되고 유지되는 문중은 그 종가를 중심으로 결속력이 높으므로 자연스레 강한 위세를 자랑한다. 그 반대도 마찬가지이다. 문중의 결속이 잘되면 그 문중의 종가 역시 명맥을 유지하기가 여러모로 수월하다. 문중 사람들은 기본적으로 혈연에 바탕을 두지만 소속감을 더욱 강화시키는 건 비조鼻祖와 현조顯祖에 대한 자긍심이다. 그 직계로서 선영의 묘제 또는 불천위 제사를 주관하는 종손과 종가는 그래서 문중 사람들에게 중요한 상징적 존재이자 보호하고 도와주어야 하는 대상이다. 이렇게 해서 문중을 이어

나가고자 하는 것을 보종補宗이라 한다. 의성김씨 문절공파 종가가 지금까지 건재한 데에는 문중의 보종 의식과 실천도 큰 몫을 담당했다. 앞에서 살펴본 것처럼 선조들을 배향하는 서원을 창건하고 그들의 행적을 현창하기 위해 문중 사람들이 종가와 종손을 중심으로 물심양면 힘을 합했던 것도 이에 다름 아니다.

선영先塋에 전소奠掃하는 의식을 정함(1819년)

우리 집안은 종가를 중요하게 여기므로 선영先塋의 시사時祀 때 축헌祝獻을 반드시 종손이 주관하게 한다. 선영이 각처에 흩어져 있어 곳곳에서 시사를 지내니 10월 보름날로 날을 정하고, 하루 내에 종손이 모두 참여하기 어려우면 이틀로 나누어 지내도록 하는 것이 정례情禮에 합당할 듯하다. 만약 우리 종가에 그렇게 하기 어려운 형편이 있다면 전과 같이 시사를 지낸다.

이 문서는 의성김씨 문절공파 문중의 시사, 즉 묘제 때 의식을 정하기 위해 작성한 것이다. 문중이 종가를 중요하게 여기므로 묘제를 지낼 때 축헌을 반드시 종손이 주관한다는 대전제를 내세웠다. 세대를 거듭해 내려오다 보니 선조의 묘소가 각처에 흩어져 있기에, 곳곳에서 지내는 묘제 날짜를 10월 보름날로 정한다는 것과, 종손이 하루에 다 참여하지 못하면 이틀에 나누어 지내도록 하는 것이 좋겠다는 내용이 주요 골자다. 그리고 덧붙이길 종손이 묘제에 참여하기 어려운 형편이 생겼을 때는 이전과 같이 묘제를 지내면 된다고 하였다. 다음으로 이렇게 하기 위해 아홉 가지 규칙을 정하고, 마지막으로 마을마다 제사에 참여하는

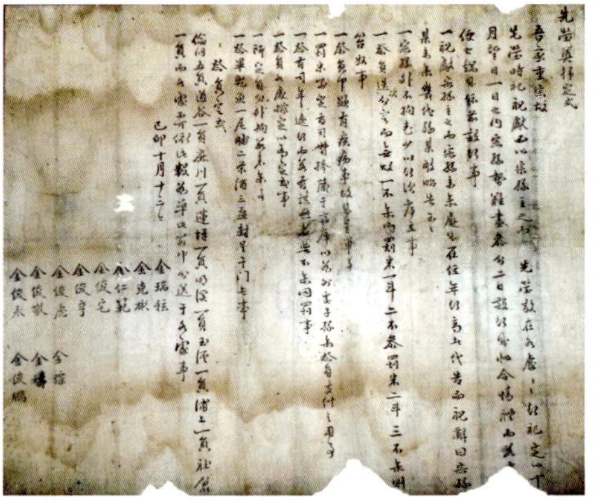

선영先塋에 전소奠掃하는 의식을 정한 문서, 1819년(순조 19) 작성(종가 소장)

인원을 배정하였다. 그 규칙은 다음과 같다.

① 축헌은 종손이 주관하는 것이 원칙이지만 종손이 참여하지 못한 곳에서는 참여한 사람 가운데 나이와 항렬이 높은 사람이 대신 고告하고 축문에는 "종손 모某가 참여하지 못해 몇 대손 모某가 감히 고합니다."라고 할 것

② 종손 외에는 노소와 관계없이 항렬의 차례대로 설 것

③ 제사에 참여하는 사람은 번갈아 차례대로 나누어 정한다. 한 번 불참하면 벌미罰米 1말을 부과하고 두 번 불참하면 벌미 2말을 부과하며 세 번 불참하면 노비를 매질할 것

④ 제사에 참여하는 인원 중에 질병의 사유가 뚜렷하면 단자를 보낼 것

⑤ 벌미는 먼저 담당 유사를 정해서 (벌미를) 내도록 독려하여 재실 창고에 보관하였다가 타 지역에 사는 자손으로서 제사에 참여하는 사람들에게 지공支供(음식 등을 대접함)하는 용도로 사용할 것

⑥ 제유사祭有司는 매년 교체하되 만약 꾀를 써서 회피하는 이가 있으면 불참과 같은 벌을 행할 것

⑦ 제사에 참여하는 인원은 각처에 나누어 배정하는 것을 규칙으로 삼을 것

⑧ 정한 인원 외에도 그 숫자에 구애받지 말고 참여할 것

⑨ 제사를 마치고 건어 1마리, 포 2줄, 술 3잔을 문장門長에게 올릴 것

①번과 ②번 규칙에서 종가와 종손에 대한 인식이 어떠한지 확연하게 드러난다. 문중의 묘제에서 축헌은 문중의 대표인 종손이 주관하는 것이 원칙이다. 참여하지 못하는 불가피한 상황을 고려하기는 했으나, 여하튼 종손이 조상에게 아뢰는 자손의 대표로서 대축大祝을 담당하는 것이다. 나머지는 문중의 묘제를 제대로 유지하기 위한 규약이다. 묘제를 제대로 지내기 위해서 제일 중요한 것이 바로 제관들의 참석이므로 묘제에 참여하는 인원을 아예 각처마다 몇 명씩 규정해서 명문화했다. 규칙 제일 끝에 '제원정식祭員定式'이 덧붙어 있는데, ⑦번 조항에 따라 제사에 참여하는 인원을 규정한 것이다. 문중의 역사가 길어질수록 분파가 많아지고 그에 따라 곳곳에서 크고 작은 묘제가 생겼지만, 결국 문중이 합심해서 성실하게 거행해야 하는 묘제는 곧 파조派祖와 그 직계 자손의 선영에 지내는 것이다. 그리고 그 중심에 종가가 있다.

윤동倫洞 5명, 도곡道谷 1명, 마천麻川 1명, 연평蓮坪 1명, 명계明溪 1명, 옥계玉溪 1명, 포상浦上 1명, 사창社倉 1명이되 각처는 이 수에 의거해 기준으로 삼을 수 없다. 이 수를 각처에 나누어 보낼 것

지역 내외 의성김씨 문절공파 사우당의 후손들이 세거하는 곳에 묘제에 참여해야 하는 인원을 규정했다. 문절공종가가 있으며 직계 자손들이 많이 거주하는 윤동이 5명으로 가장 많고, 나머지 7곳은 1명씩이다. 그리고 덧붙이길 각처에서 지내는 묘제는 이 수를 기준으로 할 수 없다고 하였다. 이 문서는 의성김씨 문절공파 묘제에 참석해야 하는 인원수를 정하는 것이 기준이었기 때문이다. 인원수는 지역별로 배정했는데, 누가 참석할 것인지에 대한 고민도 함께 해결해야 했다. 그래서 ③번 조항에서 제사에 참여하는 사람은 '번갈아 차례대로 나누어 정한다'는 원칙을 세웠다. 문절공파 사우당의 후손이라면 당연히 순번이 돌아오기에 무조건 한 번 이상은 참석해야 하는 것이다. 그렇게 정해 놓고 불참에 대한 벌칙 조항을 덧붙였다. 참석률을 높이기 위한 방편이었을 것이다. 한 번 불참하면 그 벌로 쌀 1말을 내야 하고, 두 번 불참하면 2말을 내야 하며, 세 번 불참하면 불참자의 노비가 매를 맞아야 했기에 아마도 부담은 되었을 것이다. ④번 조항에서 제사에 참여해야 하는 사람 중에 질병의 사유가 뚜렷할 경우 사유서를 내면 불참을 인정해 준다는 것은 사실 바꾸어 말하면 질병의 사유가 아니면 참석하라는 것과 같다. 이런저런 이유들을 모두 용인해 주다 보면 실행이 쉽지 않았을 것이기에, 서로 지켜야 할 규칙을 간단명료하게 정해서 그것을 어기면 벌칙을 적용하는 것이 훨씬 효율적이었으리라 생각된다. 묘제 설행을 책임지고 주관하는 제유사祭有司의 경우에도 돌아가며 맡는 것을 원칙으로 하고, 만약 맡지 않으려고 이리저리 회피하면 불참과 같은 벌칙을 적용한다고 일정 부분 강제하였다. 그리고 제일 마지막에 이 문서를 함께 작성한 문중 성원들의 성명이 나열되어 있다. 여기에 기재된 사람들은 다음과 같다.

> 김서현金瑞鉉, 김극빈金克彬, 김인범金仁範, 김준택金俊宅, 김준형金俊亨, 김준호金俊虎, 김준경金俊敬, 김준영金俊永, 김준붕金俊鵬, 김숙金璹, 김종金琮

『의성김씨대동보』에서 이들의 세계를 찾아보면 김서현은 김천흡의 후손이고, 김준영은 김천설의 후손이다. 김천흡은 사우당의 둘째 아들 김담년의 아들이고, 김천설은 사우당의 장남 김담로의 둘째 아들이다. 김인범부터는 사봉 김천택의 후손들로 파악된다. 김준택은 앞에서 언급된 인물이고, 김준경은 14대 종손이다. 대동보에 기재된 이들의 생몰 연도에 근거할 때 문서에 표기된 '기묘己卯 시월十月 십이일十二日'이 약간의 혼동을 야기하지만, 종손 '김준경'을 기준으로 삼는다면 대략 1819년(순조 19)으로 판단된다. 필체가 하나인 것으로 보아 이들 각자가 직접 서명한 것이 아니라 참여 대상 지역의 대표적 문중 성원들을 기재한 것으로 보인다.

오래전 겸암謙菴 류운룡柳雲龍(1539–1601)은 묘소를 실전失墮하지 않도록 「족중입의族中立議」를 짓고, 그 실천을 위해 노력한 바 있다. 의성김씨 문절공파 사우당 후손들이 작성한 앞의 문서보다 대략 200년 이상 앞선다. 류운룡이 살던 당시는 종가와 종손에 대한 관념 그리고 그것을 뒷받침하는 사회적 제도들이 완전히 뿌리내리지는 않았을 때라 선조에 대한 묘제를 설행하는 데 일가들의 합심과 노력을 강조한 것이 특징적이다. 주지하다시피 종가는 조선 중기가 지나면서부터 제사와 가계 및 사회적 지위를 상속하고 친족집단을 통합하는 중심으로 부각되었고, 종가의 가계는 자손이 없을 경우 양자를 들여서라도 반드시 계승되어야 하는 것으로 여기기 시작했다. 아래는 류운룡이 쓴 「족중입의」 첫 부분으로, 이 문서를 만들게 된 배경과 내용을 설명하고 있다. 입의立議는 완의完議라고도 하는데, 종중宗中·가문·동중洞中 등에서 제사·묘위·동중사洞中事 등에 관해 의논한 다음 합의된 내용을 적어 서로 지킬 것을 약속하는 문서를 말한다.

우리 일가一家가 여러 곳에 흩어져 살아서 평시에도 서로 모르고 지내며 길흉이 있어도 알지 못하니, 동족同族의 의리를 찾을 수가 없다. 하물며 선조들의 묘소도 여러 곳에 흩어져 있어 세월이 지나면서 제사도 끊기고, 성이 같은 자손이라 하지만 묘가 어디에 있는지 모르는 사람들도 있으니 마음이 매우 애통하다. 지금 이후로는 해마다 8월 20일에 유사有司가 묘소에서 가까운 거리에 있는 자손들에게 제사에 참여할 사람을 나누어 정하여 통지를 돌릴 것이니, 자손들은 술과 과일을 정성껏 마련하여 지정된 묘소에 나와야 할 것이다. 전소奠掃를 마친 뒤에는 모두 하회에 와서 가묘家廟에 알묘하고 음복이 끝나면 산이나 물가를 찾아서 하루를 기쁘게 지내는 것을 상례常例로 할 것이며, 일가에 길흉사가 있으면 즉시 모여서 경조의 뜻을 표하고, 넉넉하지 못한 집이면 힘닿는 데까지 도와서 조상을 생각하고 친분을 지키는 일을 극진하게 할 것이다.

류운룡柳雲龍, 『겸암집謙菴集』 권4, 「족중입의族中立議」

류운룡은 첫머리에서, 비교적 가까운 거리에 있는 일가 친족이면서도 왕래가 없다 보니 서로의 길흉사도 모른 채 남 보듯 하게 된다고 하였다. 그리고 덧붙이길 조상의 묘소가 각처에 흩어져 있다 보니 연대가 오래된 묘소의 경우 제사를 지내지 않는 곳까지 있다며 이에 대한 슬픈 마음을 드러내었다. 더욱이 자손이라 하면서 조상의 묘소가 어디에 있는지 모르는 사람도 있는 현실을 보며 류운룡은 걱정이 심했던 것으로 보인다. 그대로 내버려 두면 조상의 묘소에 제사 지내는 것은 고사하고 그 묘소를 대대로 지키기도 어렵다고 생각했기 때문이다. 그래서 이러한 규약을 만들었다. 유사를 정하고 날짜도 8월 20일(음력)로 확실하게 정해서 가까운 거리에 있는 사람들이 돌아가며 참석하는 것으로 합의했다. 참석 대상으로 통지를 받으면 그 자손들은 술과 과일을 정성껏 마련해서 지정된 묘소로 나아가 함께 제사를 지내야 했는데, 이 규약을 지키지 않는 문중의 성원에게는 꽤 엄하게 벌칙을 적용했다. 벌칙 내용은 “제관이 한 번 참석하지 않으면 벌칙으로 쌀 한 말, 두 번 참석하지 않으면 두 말, 세 번 참석하지 않으면 그 노비를 대신 때리고, 네 번 참석하지 않으면 상종을 하지 말며, 다섯 번 참석하지 않으면 족보에서 삭제한다.”라고 되어 있다. 세 번 불참 시까지는 의성김씨 문중과 벌칙이 동일하다.

그런데 풍산류씨 문중은 네 번 불참과 다섯 번 불참 시의 벌칙까지 규정해서 각각 상종하지 않는 것과 족보에서 삭제하는 것으로 합의했다. 류운룡은 자손들이 서로 단합하지 못하고 멀어진 것, 그래서 같은 조상의 자손이라는 의식 없이 조상을 추모하는 것도 그 묘소를 지키는 것도 소홀히하는 것을 보고 몹시 애통해했다. 이렇게 시간이 더 흐르다 보면 후대에는 조상의 묘소를 지키지 못할 수도 있겠다는 위기의식이 당시 문중 내에 형성되었을 것이다. 엄중한 벌칙 조항이 만들어진 것은 바로 이러한 배경 때문이었다. 물론 예외적인 사정은 참작해 주었다. 심각한 병에 걸렸거나 사고가 있었거나 불참 사유서를 제출했다거나 술과 과일을 대신 보냈다거나 벌초를 한 경우는 의논해서 벌을 감해 주었다. 그러나 이것조차도 벌칙을 완전하게 면제해 주는 것은 아니었다. 결국 제사 참여가 가장 기본적인 원칙이었다. 이러한 상황들은 당시 류운룡을 비롯한 풍산류씨 문중 사람들의 묘제 설행과 묘소 수호에 대한 의지가 얼마나 대단했었는지를 보여 준다.

그러나 풍산류씨 문중은 이보다 근본적으로 문중의 화합과 단결에 더욱 힘쓰고 노력해야 함을 알고 있었다. 그래서 제안한 것이 묘제를 마친 뒤 하회로 가서 가묘家廟에 참배하고 산이나 물가로 나가 하루를 즐겁게 보내는 것이었다. 의무처럼 부과하고 그것을 지키지 않았을 때 벌칙을 주는 약간의 강제성도 필요하지만, 그보다 일가一家라는 테두리 안에서 서로 의지하고 결속하는 것이 더 우선되어야 했다. 그래야만 자발성이 높아질 수 있고, 자발성이 높아져야 묘제 설행과 묘소 수호가 원활하게 오래도록 지속될 수 있기 때문이었다. 마지막에 "일가에 길흉사가 있으면 즉시 모여서 경조의 뜻을 표하고, 넉넉하지 못한 집이면 힘닿는 데까지 도와서 조상을 생각하고 친분을 지키는 일을 극진하게 할 것이다."라고 쓴 것을 보면 이 사실을 명확하게 알 수 있다.

'조상을 생각하고 친분을 지키는 일'을 제대로 지속하려면 '조상의 자손들이 누구인가'에 대한 것을 먼저 해결해야 한다. 미수眉叟 허목許穆(1595~1682)이 쓴 『양천허씨족보陽川許氏族譜』 서문에 다음과 같은 내용이 있다.

> 할아버지에서 아버지로 아버지에서 아들로 아들에서 손자로 이어지니, 제부諸父는 할아버지에게서 나뉘었고 형제는 아버지에게서 나뉘었다. 재종, 삼종 이하로 내려와 족자族子, 족손族孫에 이르러 친족 관계가 멀어질수록 친애하는 마음이 소원해진다. 하지만 그 뿌리를 따져 보면 한 조상에게서 나왔으니, 실상은 한 기운에서 나뉜 것이다. 그러므로 사람은 본성상 모두 친족을 아끼고 사랑할 줄을 안다. 성인의 다스림은 사람의 본성에 따라 인仁으로 인도하니, 이것이 『주례』의 가르침이다.
>
> 허목許穆, 『기언記言』 권12, 「양천허씨족보서陽川許氏族譜序」

대수가 내려오면서 친족 관계가 멀어질수록 그 친애하는 마음이 소원해진다고 했다. 그러나 그 뿌리를 찾아서 거슬러 올라가면 사실 한 조상에게서 나왔으니 궁극에는 한 기운에서 나뉜 것

[一氣而分]이다. 그렇기 때문에 사람은 본성상 모두 친족을 아끼고 사랑할 줄 안다고 전제하였다. 문중에서 종안宗案을 작성하고 족보를 만드는 것은 서로 한 뿌리임을 확인하여 친족 간에 친애하는 마음을 잃지 않고 이를 토대로 뿌리인 조상을 잘 모시기 위해서이다.

의성김씨 문절공파 역시 친족 간에 '조상을 생각하고 친분을 지키는 일'을 제대로 하기 위해 종안과 종약을 만들었다. 앞서 소개한 '선영先塋에 전소奠掃하는 의식을 정한 문서'도 이와 같은 맥락에서 이해할 수 있다.

이 긴 문서의 첫머리는 '종안서문宗案序文'이다. 그 뒤로 종약宗約의 조문과 종법宗法의 각항이 차례대로 기록되어 있다. 서문에는 다음과 같이 기록되어 있다.

> 무릇 세계世系를 기록하고 일족을 분별하는 일은 옛날 성인의 제도이다. 이러한 까닭으로 조정에서부터 향당과 여항에 이르기까지 일족을 분별하는 일이 있었으니, 고을에 향안이 있고 종중에 종안宗案이 있는 것이 곧 이러한 일이다. … 또한 근세의 파보派譜에 누락된 집이 일정하지 않아 문소聞韶김씨 대동보의 완성을 기약할 수 없다. 인사人事는 갈수록 더욱 흩어지고 세도世道는 날로 더욱 무너져서 친하지 않은 것은 더욱 친하지 않게 되고 멀어진 것은 더욱 멀어지며 밝았던 것도 어두워지고 믿던 것도 의심하게 되니 훗날 바르게 정리할 증거가 진실로 어디에 있겠는가?

서로 한 뿌리임을 확인하는 것, 그 첫 번째가 일족을 분별해서 종안을 만드는 것이었다. 의성김씨 문중이 이 문서를 작성한

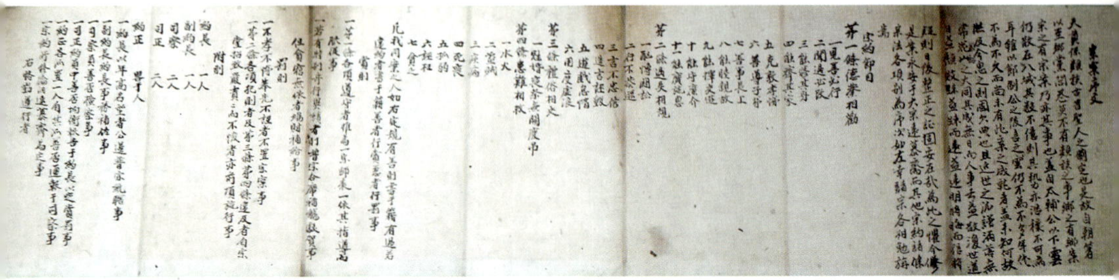

종안宗案, 1827년(순조 27) 작성(종가 소장)

것은 1827년(순조 27)으로 파악된다. 시대가 내려올수록 인륜이 무너져서 친하지 않은 것은 더욱 친하지 않게 되고 멀어진 것은 더욱 멀어졌다며 근심을 드러내었고, 이 근심으로 인해 서문 말미에 "이러한 두려움 때문에 지금 이 종안을 만들어서 대종大宗인 원모재遠慕齋에 영원히 안치한다."라고 하였다. 그리고 그 뒤에 종중의 운영에 관한 규약을 차례대로 서술하였는데, 이것이 종약절목이다. 말하자면 종중의 종안에 기재된 자들은 모두 이 규약을 지켜야 하는 것이다.

세상이 점점 복잡해져서 인륜의 기강이 무너지니 사람들은 점차 그 사사로움에만 집중하게 되었다. 당장 형제간이나 아주 가까운 친척 간에도 서로 싸우고 빼앗는 일이 빈번해졌는데, 촌수가 먼 친척들은 오죽했겠는가. 동성 마을인 경우 작게는 수십 집에서 많게는 수백 집에 이르는데, 이들은 부귀가 다르고 빈천이 다르고 강약이 다르므로 부유한 사람이 가난한 사람을 침탈하고 귀한 사람이 천한 사람을 무시하며 강한 사람이 약한 사람을 억누른다면 풍속과 교화가 무너져 그 사이에는 어떤 화목함도 기대할 수가 없게 될 것이다. 종약을 만들었던 것은 이러한 문제를 인식하고 사람들을 교화시켜 서로 친하게 지내며 화합을 추구하기 위해서였다. 그 조항들이 다음과 같은 내용으로 이루어진 것은 바로 이 때문이다.

제1조 덕업을 서로 권면한다.

① 선한 일을 보면 반드시 행한다. ② 잘못을 들으면 반드시 고친다. ③ 능히 자신을 다스린다. ④ 능히 집안을 가지런히 한다. ⑤ 효도와 공경을 돈독하게 행한다. ⑥ 자제들을 잘 인도한다. ⑦ 어른과 윗사람을 잘 섬긴다. ⑧ 친구들과 화목하게 지낸다. ⑨ 친구를 가려서 사귄다. ⑩ 청렴하고 강직함에 힘쓴다. ⑪ 널리 은혜를 베푼다.

제2조 과실은 서로 고쳐 준다.

① 술주정, 장기 두기, 싸움, 송사訟事 ② 행실이 공손하지 않은 것 ③ 말이 불충하고 믿음이 가지 않는 것 ④ 말을 지어 무고하고 헐뜯는 것 ⑤ 놀면서 게으른 것 ⑥ 헛되게 돈을 쓰며 낭비하는 것

제3조 예의로 서로 사귄다.

① 관혼상제에 경조慶弔(경사慶事에 축하하고 흉사凶事에 위문함)를 빠뜨리지 않는다.

제4조 어려움을 당하면 서로 구휼한다.

① 수재水災와 화재火災 ② 도적 ③ 질병 ④ 초상 ⑤ 고아 ⑥ 무고 ⑦ 가난

종약의 네 가지 조항이 향약의 4대 덕목과 일치함을 볼 수 있

다. 향약은 유교적 예절과 풍속을 향촌 사회에 보급해 도덕적 질서를 확립하고 미풍양속을 진작시키며 각종 재난을 당했을 때 상부상조하기 위한 규약이라고 할 수 있다. 물론 조선시대 사대부들의 향촌자치를 원할하게 하고 이를 통해 하층민을 통제하기 위한 목적도 있었다. 이러한 목적 때문에 향약은 국가 차원에서 장려되기도 했는데, 시간이 점점 지나면서 향촌 전체를 직접적으로 지배하는 데는 비효율성이 노출되기 시작했다. 그래서 한 개 또는 몇 개의 자연촌락으로 이루어진 동洞에 거주하는 사족들이 결속해서 『주자증손여씨향약朱子增損呂氏鄕約』과 퇴계와 율곡의 향약을 많이 참작하여 그들 자신의 관심과 이해를 반영시킨 동약을 실시했다. 17세기 이후에는 동성 마을이 광범하게 형성되었으므로 동약은 주로 종족적宗族的 기반 위에서 만들어지는 것이 일반적이었다. 그리고 동약과 종계宗契 또는 족계族契의 구성원이 동일한 경우도 많았다. 동약 시행을 통해 동족적·지역적 유대가 더욱 강화되었으므로 이것이 어떻게 운영되는지가 문중의 세력을 측정하는 지표가 되기도 했다. 종약은 이러한 동약의 축소판이라 할 수 있다. 성주 수륜동 의성김씨의 종약도 같은 맥락에서 이해할 수 있다.

운양雲養 김윤식金允植(1835-1922)은 「청풍김씨종약서淸風金氏宗約序」에서 다음과 같이 말했다 "집에 있을 때는 삼가 종규宗規를 지키고 사회생활을 할 때는 법률에 저촉됨이 없도록 하여 서로 더욱 면려하여 만인이 한마음이 되어야 하니, 이것이 일족一族

의 자치제도가 되는 것이다. 그리하면 하늘에 계신 우리 선조들의 영령이 어찌 어두운 저세상에서 기뻐하여 풍성한 복을 내려 주시지 않겠는가? 온 종족이 합심하여 함께 선조들이 정한 규약을 지킨 까닭에 능히 좋은 명성을 보존하여 한세상의 모범이 된 것이다."

수륜동 의성김씨들이 종약을 만들어 지키려 했던 것도 바로 이러한 취지와 목적 때문이었다.

의성김씨 종안과 종약은 1936년에 다시 작성되었다. 아마도 이때쯤 사우당이 중건되면서 문중의 결속과 화합에 대한 의식이 자연스럽게 형성된 것으로 보인다. 종말宗末 김원희金元熙(1872–1940)는 서문에서 다음과 같이 말했다.

> 계유년(1933) 봄에 사우당을 이건하였다. 우리 일족은 대대로 이 마을에 세거해 왔고, 소종小宗이 선조를 추모하고 일족을 모으려는 일을 위해 이 당堂을 지은 것이다. 완공 후 모여 잔치하면서 내가 종족들에게 물었다. "오늘 이 당堂에 오른 사람은 누구나 우리 선조의 같은 자손이니 살펴봐 주시지 않겠습니까? 오직 하나의 기운으로 관통해 흐르는 것을 내가 얻어 나의 몸이 되었으니, 사랑하는 이치가 어찌 세대가 멀어진다고 제한이 있겠습니까." 돌아보건대 세상의 기미가 불완전해지고 인륜의 기강이 해이해져 세상 모든 것이 흩어져 수습할 수 없게 되었다. 이때에 친한 이를 친애하는 인[親親之仁]을 크게 밝혀서 가지로부터 뿌리를 찾고 효도로부터 화목에 이르며 만 가지가 한 근본으로 돌아오게 하는 것으로써 가문을 다스린다면 이것이 세도를 유지하고 인륜을 공고히 하는 데에 어찌 작은 도움이라고 소홀히하겠는가. 또 생각해 보니 우리 의성김씨의 아름다운 명성과 성대한 기풍은 시대와 함께 떨치지 못한 것이 100년이 되었다. 세상이 쇠퇴해져서 온 집들이 쇠잔하지만, 우애는 돈독하니 멀어질수록 더욱 서로 친하게 지낸

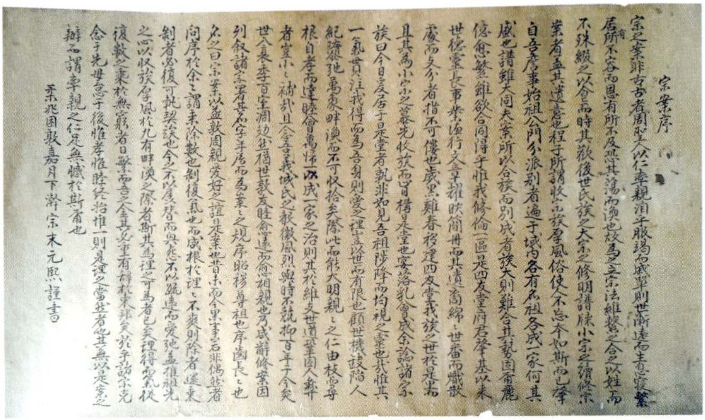

종안서宗案序, 1936년 작성(종가 소장)

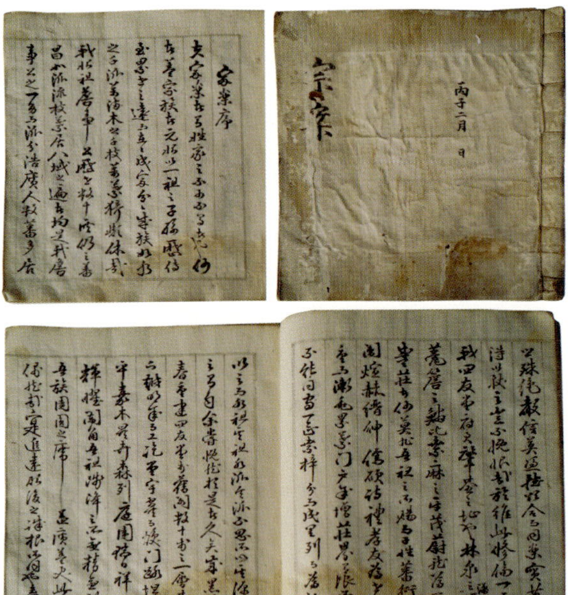

종안宗案(성책고문서), 1936년 작성(종가 소장)

다. 이에 모두 종안을 만들자고 말하기에 여러 종인들을 차례로 나열해 이름·자字·나이·거주지를 기록하고 종안으로 삼았다. …

종안이라 이름 붙였으니, 이것으로 두루 친하고 서로 사랑하는 정의를 더욱 두텁게 하기 위함이다.

시대가 변화하면서 친족 간의 화목과 화합이 절실해졌다. 이 시기는 일제 강점기 때라 아마도 그 필요성이 더욱 두드러졌을 것이다. 세상의 기미가 불완전하고 인륜의 기강도 무너져 온 세상이 혼란스러운 이때 윤동마을 의성김씨 문중은 '친한 이를 친애하는 어진 마음[親親之仁]'을 근본으로 삼아 가문을 다스려 문중의 화합을 도모하고자 했다. 그리고 100년 가까이 되는 세월 동안 침체했던 문중의 아름다운 명성과 성대한 기풍을 되살리고자 했다. 이것을 가능하게 하기 위해 만든 것이 바로 '종안'이었다. 일족 간에 두루 친하고 서로 사랑하는 정의를 더욱 두텁게 해서 '추원보본'을 실현하기 위함이었다. 마침 사우당 이건을 완료한 것이 계기가 되었다. 이건을 잘 마치기 위해서는 일족의 단합과 결속이 반드시 필요했을 것이고, 그 과정에서 종안을 다시 만들 때가 되었다는 공감대가 자연스레 형성되었을 것이다. 세월이 또 쌓인 만큼 자손들이 더 많아졌고 동시에 지차之次로 갈라져서 흩어져 사는 경우도 많아졌으므로 서로 같은 핏줄임을 인식해 화합하는 것이 어렵게 되었기 때문이다. 한 조상에게서 갈라져 나온 한 뿌리임을 인식하고 집안의 효도로부터 친족의 화목으로 나아간다면, 이것이 비록 미미할지라도 혼란한 시대의 무너진 세도와 인륜을 일으키는 데 도움이 될 것이라 생각했다. 윤동마을 의성김씨 문중은 이러한 생각을 바탕으로 종안을 작성하고 규약을 만들어 서로 간의 화합과 결속을 도모했던 것이다.

이러한 배경 위에서 문중은 계모임도 활발하게 운영하였다. 필요할 때마다 교자(가마)를 빌려 쓰던 '교자계轎子稧'라든가 일정한 때마다 돈을 부조해 주던 '부조계扶助稧'가 그것이다. 교자계는 계금을 내고 계원으로 입회하는 방식이었다. 계원들은 며느리를 처음 맞이하는 신행新行과 그 뒤에 오고 가는 구행舊行에 주로 교자를 이용하였다. 계원 등록 및 관리, 교자 대여 비용과 우선순위, 유사 임명 등을 골자로 규약을 만들어 계를 운영하였는데, 이것을 기반으로 계원들은 필요할 때마다 돌아가며 교자를 사용할 수 있었다.

부조계는 문중의 공동 전답에서 나오는 곡식을 일정한 때마다 돈으로 바꾸어 부조해 주던 계였다. 종자손宗子孫이 중심이 되었으며 그 자격은 세습하는 것이 원칙이었다. 지손支孫의 경우 성장해서 해마다 일정한 돈을 납부하면 회원으로 등록시켰으며, 납부가 불성실할 때엔 탈퇴시켰다. 종가의 맏이인 경우에는 관례를 하고 장가를 가지 않았더라도 나이가 찼으면 주는 예대로 돈을 지급한다 하였고, 자손 중에 향시를 치기 위해 과행科行을 떠나는 자가 있으면 역시 예대로 돈을 지급한다 하였다. 또한 계원 중에 다른 지역으로 이사 가서 문중의 일에 참여하지 못하면 부조가 불가하지만, 본 고을(윤동)에 사는 모든 계원에게는 정해진 예대로 부조를 지급한다고 하였다. 이 부조계는 친족 간의 결속과 화합을 도모하기 위한 가장 직접적인 방식이었다.

윤동의 의성김씨 문중은 종안과 종약을 만들어 관리하고 더불어 계를 운영해서 위기가 닥칠 때마다 문중 간의 연대와 결속을 더욱 끈끈하게 동여매었다. 문절공종가가 건재한 것은 문중의 이러한 탄탄한 결속력 위에서 오랜 시간 동안 문중의 보종補宗을 받아 왔기 때문이다.

제3장

종가의 전승 문화

종가의
전승 문화

1 세덕사世德祠 향사享祀

세덕사에는 문절공부터 그의 아들과 손자, 그리고 증손자까지 총 8명의 위패가 봉안되어 있다. 파조인 문절공 김용초를 주벽主壁으로 삼고 그 왼쪽에 장남 성균진사 김화, 그리고 그 오른쪽에 차남 수군절도사 김감이 배향되어 있으며, 다시 김화의 위패 왼쪽으로 손자 이조참의 김종사와 증손자 부사직 김윤손·부사직 김계손이 차례대로 배향되어 있고, 다시 김감의 위패 오른쪽으로 증손자 부사직 김귀손·수의교위 김중손이 차례대로 배향되어 있다. 이 계보는 앞의 제1장 2절 '의성김씨 세거의 시작'에서 설명한 바 있다.

세덕사는 원모재 곁에 있다. 원모재를 정면으로 바라봤을 때

세덕사

우측 옆 조금 더 물러난 곳에 위치한다. 그리고 이곳에서 1년에 한 번, 음력 3월 둘째 주 일요일에 향사를 거행한다.

문중 사우의 기본 목적은 봉안된 현조顯祖에 대한 제향이지만, 이것을 매개로 동족이 결속하고 그 사회적 입지를 다지기도 한다. 사실 이 두 가지는 순환되는 것이다. 제사를 성대히 잘 모시기 위해서는 동족이 마땅히 결속해서 화합하며 지내야 하고, 동족의 화합이 잘 이루어지면 조상에 대한 추모가 끊어지지 않고 잘 이어질 수 있다. 옛날부터 친족 간의 화목을 중요시했던 배경에는 추원보본追遠報本의 간절한 뜻이 담겨 있었다.

시간이 흐르면서 많은 것이 간소화되고 있다. 전통을 그대로 지키며 살아간다는 것이 누군가의 절대적 희생 없이는 불가능한 시대가 되었다. 종가를 중심으로 한 후손들의 적극적인 노력은 그래서 의미가 깊다. 그리고 그것은 때때로 외로운 싸움처럼 보인다. 하루가 다르게 발전하고 변화하는 현대 사회에서 가문의 전통을 보존하고 계승해야 한다는 사명감과 책임감, 아마도 그것의 무게를 견디며 산다는 것 자체가 자신과의 끝없는 싸움이리라.

향사는 본래 입재와 행제, 그리고 파재까지 3일 동안 거행되었지만, 근래는 대부분 입재부터 파재까지 당일에 모두 이루어진다. 입재 때는 재계·성생省牲·분정·진설·사축寫祝이 이루어지고, 행제 때는 전폐奠幣·초헌·아헌·종헌·음복·망예望瘞가 거행된다. 그리고 파재 때는 음복개좌·출문당회出文堂會가 이루어진다. 재계는 몸과 마음 그리고 주변을 청결히 한 후 부정한 생각을 끊고 정신을 집중해 추념하는 것이다. 고대에는 산재 4일과 치재 3일, 총 7일 동안이나 여기에 몰두했지만, 중세에는 치재 3일로 단축되었다. 그리고 시간이 더 지나면서 재계는 제사 직전에 몸과 마음을 단정히 하는 것으로 점점 압축되고 있다. 성생은 초헌관이 희생으로 쓸 제물을 살펴보는 것인데, 이 절차도 이제 생략하는 곳이 많다. 마지막 절차인 출문당회는 다음 향사를 위해 헌관을 선임하고 망기를 작성해 보내는 것이다. 예전에는 향사의 헌관을 정하는 것이 향사의 위상을 고려할 때 매우 중요한 절차였으나,

이것도 근래에는 시대적 변화에 따라 그 의미와 절차가 많이 퇴색되었다. 유림 사회가 많이 위축된 만큼 향사 참여자 자체도 많지 않고 그 절차를 제대로 아는 사람도 점점 드물어지고 있기 때문이다.

이러한 측면에서 의성김씨 문중의 세덕사 향사 또한 간소화된 측면이 있다. 그럼에도 참여자가 적지 않고 절차에 따른 의식이 엄중하게 진행된다. 수륜동을 중심으로 끈끈하게 맺어진 문중의 결속과 화합이 곧 원동력이다. 향사 당일에 참석하는 사람들이 원모재에 모이면 집사분정執事分定을 시작한다. 향사에서 맡을 소임을 나누어 결정하는 것이다. 붓과 먹, 종이를 가운데에 마련한 다음 참석자들은 모두 의관을 갖추고 둥글게 원을 이루어 앉아 아래의 소임을 맡을 사람의 이름을 적는다.

① 초헌관初獻官: 첫 번째 술잔을 올리는 사람
② 아헌관亞獻官: 두 번째 술잔을 올리는 사람
③ 종헌관終獻官: 세 번째 술잔을 올리는 사람
④ 집례執禮: 홀기笏記를 읽는 사람
⑤ 대축大祝: 축문을 읽는 사람
⑥ 알자謁者: 인도하는 사람
⑦ 찬인贊引: 제사의 진행을 돕는 사람
⑧ 봉향奉香: 향을 맡은 사람
⑨ 봉로奉爐: 향로를 맡은 사람
⑩ 사준司尊: 술을 잔에 따르는 사람
⑪ 봉작奉爵: 헌관의 왼쪽에서 헌관에게 술을 건네주는 사람

▲ 분정례의 시작

▼ 분정기를 쓰는 모습

분정된 소임을 알려 주는 모습

⑫ 전작奠爵: 헌관의 오른쪽에서 헌관의 술잔을 받아 신위 앞에 갖다 놓는 사람

⑬ 장찬掌饌: 제수를 준비하는 사람

⑭ 진설陳設: 제수를 진설하는 사람

⑮ 학생學生: 분정에 포함되지 않은 참석자

향사에서 초헌관은 종손이 맡는다. 종손을 우대하는 문중의 생각이 반영된 것이다. 대개 아헌은 문중의 주손이나 연장자가 맡고, 종헌은 외손이나 지방 유림 중에서 정하는 것이 일반적이다. 물론 상황에 따라 유동적일 수 있다.

▲ 문절공내성재부군(김용초) 신위 진설

▼ 수군절도사부군(김감) 신위 진설

헌관을 제외한 유사와 제 집사들은 진설을 준비한다. 이때 진설을 맡은 사람은 제기에 제물을 담아 진설도에 따라 진설한다. 서원과 문중 사우의 향사에는 대개 좌 4변籩 우 4두豆, 1보簠 1궤簋, 생양시(돼지머리 또는 생소고기)를 기준으로 삼는데, 특히 문중 사우 향사의 경우 문중에 따라 제물의 종류와 수에 조금씩 차이가 있다.

의성김씨 문중도 이를 기준으로 삼아 진설하되 집안 고유의 특성을 보인다. 주벽인 문절공의 신위에는 신위 바로 앞에 1보(수수) 1궤(쌀)를, 그리고 그 앞에 생소고기와 돼지머리를 진설한다. 신위 오른쪽으로 뒤편에서부터 소금에 절인 조기·무·부추·대추를 차례대로 놓고, 왼쪽으로는 뒤편에서부터 육포·말린 명태·잣·밤을 놓는다. 문절공 외 7명의 신위에는 돼지머리와 소금에 절인 조기를 올리지 않는다. 제물은 모두 날것을 사용한다.

행제는 그 의식의 절차를 순서대로 기록한 홀기笏記에 의거해 진행하며, 집례가 다음과 같이 홀기를 읽는다. 한문으로 읽는데 한글로 옮겨 적었다. 사당의 출입은 '동입동출東入東出(동쪽 문으로 들어가서 동쪽 문으로 나온다)'이 원칙이다.

○ 헌관 이하 학생 및 재위자들은 모두 옷을 갖추어 입으시오.
○ 알자謁者는 헌관을 인도하시오.
○ 찬인贊引은 대축大祝과 제 집사들을 인도해 자리에 나아가게 하시오.
○ 헌관은 동쪽 계단으로 올라가서 진설을 점검하시오.

▲ 대축과 제 집사들이 자리에 나아가는 모습

▼ 촛불을 밝히는 모습

신주의 독을 여는 모습

○ 헌관은 제자리로 돌아가시오.

○ 대축은 올라가서 촛불을 밝히고 신주의 독櫝과 보궤簠簋의 뚜껑을 여시오.

○ 돌아서 나오시오.

○ 대축과 제 집사들은 들어와 배위拜位(절하는 자리)에 나아가시오.

○ 두 번 절하시오. - 몸을 굽히시오.[국궁鞠躬] - 절하시오.[배拜] - 일어나시오.[흥興] - 절하시오.[배拜] - 일어나시오.[흥興] - 몸을 바르게 하시오.[평신平身]

○ 대축과 제 집사들은 모두 관세위盥洗位(손을 씻는 자리)로 나아가시오.

○ 손을 씻고 닦은 후 자리로 돌아가시오.

알자가 초헌관에게 행사를 청하는 모습

○ 알자는 초헌관의 왼쪽으로 나아가서 행사를 청하시오.

○ 물러나 자리로 돌아오시오.

○ 헌관 이하 학생 및 재위자들은 모두 두 번 절하시오. - 몸을 굽히시오.[국궁鞠躬] - 절하시오.[배拜] - 일어나시오.[흥興] - 절하시오.[배拜] - 일어나시오.[흥興] - 몸을 바르게 하시오.[평신平身]

행전폐례行奠幣禮

○ 알자는 초헌관을 인도해 관세위로 나아가시오.

○ 손을 씻고 닦으시오.

○ 신위 앞으로 나아가 꿇어앉으시오.

○ 봉향奉香과 봉로奉爐는 각각 향합과 향로를 받들고 나아가 꿇어앉으시오.

○ (초)헌관은 향을 세 번 피우시오.

○ 대축은 폐백 광주리를 헌관에게 주시오.

○ (초)헌관은 폐백을 집어 올려 대축에게 주시오.

○ 대축은 신위 앞에 폐백을 올리시오.

○ (초)헌관은 부복하시오. - 일어나시오.

○ 제자리로 돌아가시오.

초헌관이 향을 피우는 모습

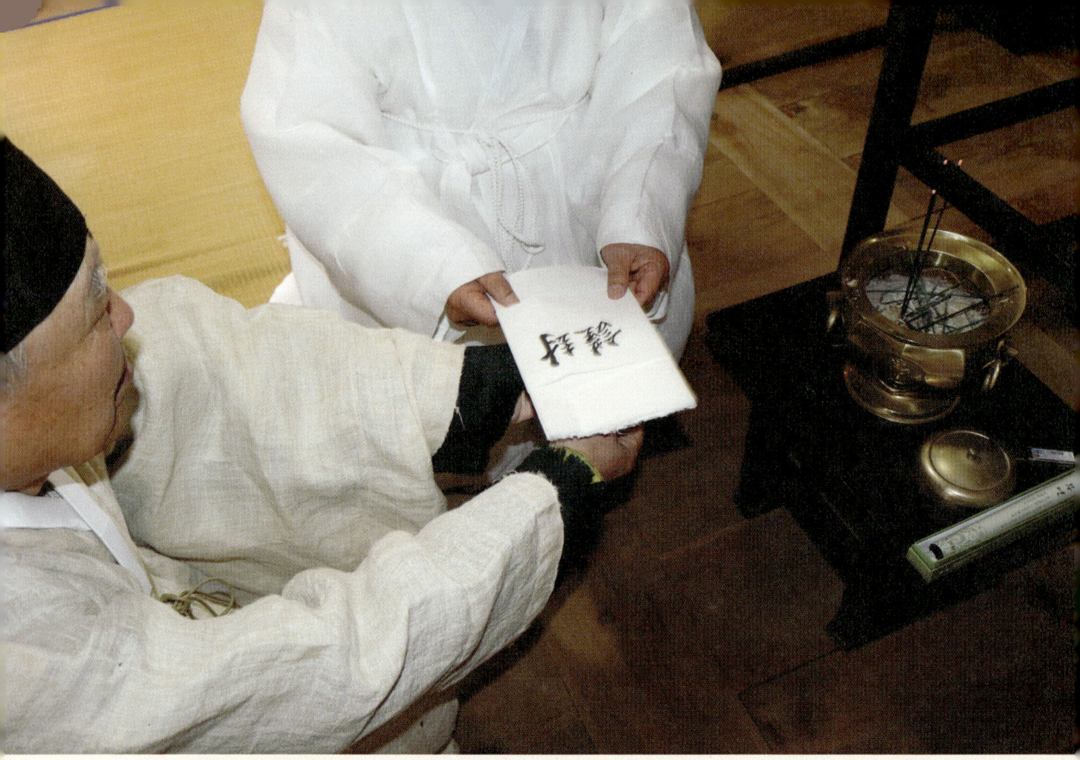

▲ 대축이 초헌관에게 폐백을 전해 주는 모습

▼ 대축이 폐백을 신위 앞에 올리는 모습

예전에는 명주 한 감으로 만든 폐백에 '근봉謹封'이라 쓴 띠를 둘러 바구니에 담아 두었는데 요즘에는 종이로 만들어서 쓰는 곳이 많다. 전폐례는 주향인 문절공의 신위에만 올리며, 이하 신위에는 헌작할 때 폐백을 함께 올린다.

행초헌례行初獻禮

○ 알자는 초헌관을 인도해 문절공 신위의 준소로 나아가 서쪽을 향해 서게 하시오.

○ 사준司尊은 술독의 덮개를 열고 술을 따르시오.

○ 봉작奉爵은 잔에 술을 받으시오.

○ 초헌관은 신위 앞에 나아가 북쪽을 향해 꿇어앉으시오.

○ 봉작은 잔을 초헌관에게 주시오.

○ 초헌관은 잔을 들어 올려 전작奠爵에게 주시오.

○ 전작은 신위 앞에 잔을 올리시오.

○ 초헌관은 부복하시오. - 일어나시오.

○ 조금 물러나 꿇어앉으시오.

○ 대축은 헌관의 왼쪽으로 나아가 헌관(동쪽)을 향해 꿇어앉으시오.

○ 축문을 읽으시오. - 마치시오.

○ 초헌관은 부복하시오. - 일어나시오.

○ 초헌관은 성균진사 부군의 신위 앞에 나아가 꿇어앉으시오.

○ 봉향奉香과 봉로奉爐는 각각 향합과 향로를 받들고 나아가 꿇어앉으시오.

○ 초헌관은 향을 세 번 피우시오.

○ 대축은 폐백 광주리를 헌관에게 주시오.

○ (초)헌관은 폐백을 집어 올려 대축에게 주시오.

▲ 사준이 봉작에게 술을 따르는 모습

▼ 봉작이 초헌관에게 잔을 주는 모습

대축이 초헌관의 왼쪽에서 축문을 읽는 모습

○ 대축은 신위 앞에 폐백을 올리고 제자리로 돌아가시오.

○ 사준司尊은 술독의 덮개를 열고 술을 따르시오.

○ 봉작奉爵은 잔에 술을 받으시오.

○ 봉작은 잔을 초헌관에게 주시오.

○ 초헌관은 잔을 들어 올려 전작奠爵에게 주시오.

○ 전작은 신위 앞에 잔을 올리시오.

○ 초헌관은 부복하시오. - 일어나시오.

이하 각 신위에는 성균진사 부군의 신위에 올린 예와 동일하게 진행한다. 그리고 마지막 신위에 잔을 올리고 제자리로 돌아간다.

▲ 찬인이 아헌관을 인도하는 모습

▼ 아헌관이 관세위에서 손을 씻는 모습

아헌관이 전작에게 잔을 전해 주는 모습

행아헌례行亞獻禮

○ 찬인은 아헌관을 인도해 관세위로 나아가게 하시오.
○ 아헌관은 손을 씻고 닦으시오.
○ 찬인은 아헌관을 문절공 신위의 준소로 인도해 서쪽을 향해 서게 하시오.
○ 사준司尊은 술독의 덮개를 열고 술을 따르시오.
○ 봉작奉爵은 잔에 술을 받으시오.
○ 아헌관은 신위 앞에 나아가 북쪽을 향해 꿇어앉으시오.
○ 봉작은 잔을 아헌관에게 주시오.
○ 아헌관은 잔을 들어 올려 전작奠爵에게 주시오.
○ 전작은 신위 앞에 잔을 올리시오.

전작이 신위 앞에 잔을 올리는 모습

○ 아헌관은 부복하시오. - 일어나시오. - 몸을 바르게 하시오.

○ 다음으로 성균진사 부군의 신위 앞에 나아가 꿇어앉으시오.

이하 예는 동일하게 진행한다. 이하 각 신위에도 동일하게 예를 올린다.

행종헌례行終獻禮

○ 찬인은 종헌관을 인도해 관세위로 나아가게 하시오.

○ 종헌관은 손을 씻고 닦으시오.

○ 찬인은 아헌관을 문절공 신위의 준소로 인도해 서쪽을 향해 서게 하시오.

○ 사준司尊은 술독의 덮개를 열고 술을 따르시오.

○ 봉작奉爵은 잔에 술을 받으시오.
○ 종헌관은 신위 앞에 나아가 북쪽을 향해 꿇어앉으시오.
○ 봉작은 잔을 종헌관에게 주시오.
○ 종헌관은 잔을 들어 올려 전작에게 주시오.
○ 전작은 신위 앞에 잔을 올리시오.
○ 종헌관은 부복하시오. - 일어나시오. - 몸을 바르게 하시오.

○ 다음으로 성균진사 부군의 신위 앞에 나아가 꿇어앉으시오.

이하 예는 동일하게 진행한다. 이하 각 신위에도 동일하게 예를 올린다.

행음복례行飮福禮

○ 대축은 준소에 나아가 잔에 복주福酒를 따르시오.
○ 신위 앞에 제사 지낸 고기를 조금 덜어 오시오.
○ 알자는 초헌관을 인도해 음복위飮福位로 나아가 북쪽을 향해 꿇어앉게 하시오.
○ 대축은 초헌관의 왼쪽으로 가서 꿇어앉으시오.
○ 잔을 (초)헌관에게 주시오.
○ (초)헌관은 잔을 받아 다 마시시오.
○ 대축은 빈 잔을 받아 잔을 놓는 곳에 다시 두시오.
○ 대축은 제사 지낸 고기를 (초)헌관에게 주시오.
○ (초)헌관은 제사 지낸 고기를 받았다가 대축에게 주시오.
○ 대축은 고기를 받아서 빈 잔 곁에 두시오.
○ (초)헌관은 부복하시오. - 일어나시오.
○ (초)헌관은 제자리로 돌아가시오.
○ 대축은 변두(제기)를 거두어들이시오.
○ 보궤의 뚜껑을 덮으시오.
○ 제 집사들은 내려가 자신의 자리로 돌아가시오.

▲ 초헌관이 술잔을 받아 마시는 모습

▼ 초헌관이 제사 지낸 고기를 먹는 모습

보궤의 뚜껑을 덮는 모습

대축이 신주의 독을 덮는 모습

○ 헌관 이하 학생 및 재위자들은 모두 두 번 절하시오. – 몸을 굽히시오.[국궁鞠躬] – 절하시오.[배拜] – 일어나시오.[흥興] – 절하시오.[배拜] – 일어나시오.[흥興] – 몸을 바르게 하시오.[평신平身]

○ 대축은 신주의 독을 덮으시오.

향사의 제물은 모두 날것이기 때문에 술은 마실 수 있으나, 고기는 먹을 수가 없다. 그래서 제사 지낸 고기를 받아서 먹는 시늉만 하고 대축에게 다시 준다.

행망예례行望瘞禮

○ 알자는 초헌관을 망예위로 인도해 북쪽을 향해 서게 하시오.

○ 대축은 축문과 폐백을 받들고 서쪽 계단으로 내려가시오.

○ 축문을 구덩이에 묻으시오.

○ 초헌관은 제자리로 돌아가시오.

○ 알자는 초헌관의 왼쪽으로 나아가시오.

○ 예를 마쳤다고 고하시오.

○ 알자는 초헌관을 인도하고 찬인은 학생을 인도해서 차례로 나가시오.

○ 장찬은 찬을 거두고 사당의 문을 닫은 후 물러가시오.

향사가 끝나면 참석한 사람들은 준비된 음식을 나누어 먹는다. 향사의 제물은 모두 날것이어서 바로 먹을 수 없는 것도 있기 때문에 그 자리에서 음복할 수 없는 음식들은 봉지에 나누어 담아 참석자들이 돌아갈 때 가져갈 수 있게 한다. 세 명의 헌관과 모든 집사들은 중요한 역할을 수행하였으므로 음복 때에 보다 특별한 대접을 받는다. 세덕사 향사는 이것으로 끝이 난다.

축문과 폐백을 태우는 모습 ▲

알자가 초헌관에게 예를 마쳤다고 고하는 모습 ▼

다음 향사를 위해 헌관을 선출하고 망기를 작성해서 보내던 마지막의 출문당회 절차는 음복하면서 대략 의논하는 것으로 대신한다.

세덕사 향사는 언제까지 지속될 것인가. 헌관과 제 집사들의 연령이 점점 높아지면서 종가의 고민도 깊어져 간다. 문절공종가는 지금까지 4대 봉사를 유지하고 있다. 현 종손은 지손들이 종가가 2대 봉사를 하면 좋겠다고 요청을 많이 하는 것에 대해 마음이 무겁다. 종가 제례 문화의 전승에 대해 그의 생각을 들어 보자.

> 나도 거기에 대해 깊이 고민을 합니다. 우리는 아직까지 4대 봉제사를 하거든요. 우리 지손들은 2대만 지내는 집이 많아요. 종가가 아버지하고 할아버지 2대만 지내야 지손들도 마음 놓고 2대를 지내겠지. 종가는 4대 봉제사를 지내는데, 지손들이 2대만 지내니 미안하기 그지없다는 겁니다. 그래서 종가도 2대만 지내 달라고 건의가 많이 들어와요. 그러나 내가 죽기 전에 2대만 지낼 수 있겠나 싶고, 내가 죽음이 가까워지면 자식들한테는 2대만 지내라고 말하면 어떻겠나 그런 생각이죠. 내가 죽기 전까지는 안 되겠더라고. 4대 봉제사하다가 임종 직전에 가서 어떻게 할지 깊이 고민할 것 같습니다.

종가가 아직 4대 봉사하는데 지손들이 자신들만 2대 봉사하는 것이 편하지 않다고 종가도 2대로 줄여서 제사를 지내는 것이 어떠냐고 건의가 많다는 것이다. 그러나 그것이 쉽지 않다는 것이 종손의 생각이다. 평생 4대 봉사의 전통을 고수하며 지켜 왔는데 그것을 자신이 갑작스럽게 변화시킨다는 게 달갑지가 않다. 그래

음복개좌하는 초헌관(종손)

음복개좌하는 헌관 및 제 집사

도 시대의 변화를 모르지 않으니 바꾸긴 바꾸어야 할 것 같아 종손은 고민이 깊다. 그럼에도 불구하고 본인이 죽기 전까지는 안 되겠다며, 죽기 직전 다음 대에서는 2대만 봉사하라고 유언으로 남길까 생각하는 것이다.

내 대에 제사가 불천위 둘이지 4대 봉제사라도 상처한 할아버지가 계시니 … 그러면 4대 봉제사만 해도 열 분입니다. 불천위 제사 둘, 세덕사하고 서원 향사 둘이란 말이죠. 가을 묘사는 전부 한 40여 곳. 내가 20대니까 두 어른 같으면 즉 부부간이면 대략 38곳 아닙니까. 21대면 40여 곳에 묘제를 지내야 하는 겁니다. 다른 사람들 전부 화장해서 제단 세워 제사 지내는데, 우리는 전부 산에 묘소가 그대로 다 있습니다. 그래서 내 있을 때까지는 못 한다(줄인다). 내 죽고 나거든 하든가 하고 생각하죠.

종가의 일상은 봉제사 접빈객으로 압축된다. 종손이 꼽는 제사 횟수를 말로만 들어도 압박이 느껴질 정도다. 불천위 제사 두 번은 세덕사와 덕천서원 향사를 말한다. 기제사는 상처하신 할아버지의 비위妣位까지 합하면 4대 봉사지만 8번에서 10번으로 늘어난다는 것이다. 그리고 자신이 20대이므로 묘제를 40곳 가까이 지낸다고 한다. 21대가 되면 문절공부터 자신까지 거의 40여 곳에 묘제를 지내야 한다는 말이다. 그 묘소가 대부분 성주에 있으므로 40여 곳에 묘제를 꼬박 다 지내야만 하니 보통 일이 아닌 듯 보인다. 종가 사람들이 짊어지는 제례 문화 전승에 대한 무게가 구구절절 설명하지 않아도 그대로 그렇게 전해져 온다.

2 내림음식

윤동마을 앞에 흐르는 대가천은 옛날부터 물이 많고 또 유난히 맑았다고 한다. 그래서 맑은 물에만 사는 물고기들이 많았는데, 그중 하나가 바로 은어다. 성주의 토산품으로 은어가 꼽혔던 것은 이러한 산천 환경 덕분이었다. 은어가 많이 잡혔으므로 이곳에서는 자연스럽게 은어를 이용한 음식을 만들어 왔는데, 문절공종가에서도 은어국수가 내림음식으로 전수되어 왔다. 지금 종가를 지키는 20대 종부(류정숙)는 은어국수가 종가의 전통음식으로 알려져 있더라는 질문에 다음과 같이 대답했다.

이 댁 앞에 내가 흐르잖아. 거기가 옛날에는 물이 굉장히 맑았어요. 물이 엄청 맑으니까 은어가 많았어요. 그래 은어를 잡아 가지고 푹 고아서 뼈를 걸러 내고 건진국수를 손칼로 썰어서 은어 고은 물에 넣어서 먹었어요.

초여름이 되면 고지기와 머슴들이 대가천에 나가 은어를 잡아 왔고, 집안에서는 잡아 온 은어를 푹 고아서 국수를 말아 먹었다고 한다. 현 종부의 시어머니 그러니까 19대 종부가 살아 있을 때까지만 해도 초여름마다 해 먹던 음식이었는데, 요즘은 하천이 옛날 같지 않고 은어가 잘 없어서 거의 해 먹지 않는단다. 점점 시간이 흐르면서 종가에 종손·종부만 있는 날이 대부분이므로 해 먹을 일이 더욱 없다고 한다.

종가 앞에 대가천이 흐르다 보니 종가에서는 오래전부터 민물고기를 재료로 삼은 음식을 많이 만들었던 것 같다. 민물고기를 잡으면 찜을 했다고 한다. 처음에는 센 불로 익히다가 중불로 줄여서 뜸 들이듯 오랜 시간 익히면 뼈가 흐물흐물해지는데, 거기에 그저 간장 양념만 해서 먹어도 흙 비린내가 전혀 나지 않는다고 한다. 쉬운 듯 말하지만 전해지는 비법이 있을 것이다. 어쩌면 그것이 비법인지도 모른 채 본 대로 배운 대로 만들고, 다시 그대로 만들어 주며 보여 주었던 것일지도. 추어탕도 많이 만들어 먹었단다. 들에서 막 뜯어 온 배추를 삶아 넣고 대파와 매운 고추를 쫑쫑 썰어 넣어 끓이면 온 식구들이 맛있게 그릇을 비웠다고 한다.

옛날 종가에 사람들이 북적북적하던 시절에는 어떻게든 음식을 많이 만들어서 나눠 먹고 찾아오는 사람 접대하는 것이 주된 일상이었다. 그런데 돈이 부족하고 사람이 없던 시절에는 그 자체가 종가에는 부담이었다. 그래서 때때로 지혜를 발휘해 음식을 만들기도 했는데, 추어탕이 바로 그런 음식이라고 했다. 대가천에서 얻은 미꾸라지를 푹 삶고 들에 널린 배추를 듬뿍 넣으면 혹 미꾸라지 양이 적어도 국이 엄청 많아진단다. 그래서 여러 사람이 배불리 먹을 수 있었다는 것이다. 추어탕이라는 음식 자체는 종가만의 고유한 특징을 드러낸다고 보기 어렵지만, 종가가 있는 그곳의 산천에서 얻은 재료로 어려운 시절을 극복하기 위한 삶의 지혜를 담았다는 측면에서 문절공종가의 추어탕은 종가의 시간을 함께한 음식이 분명하다.

종가라고 다를 바 없다며, 어려운 시절에는 그저 구하기 쉬운 재료로 많이 만들 수 있는 음식을 주로 해 먹었다고 그랬다. 지금의 종부는 자신이 갓 시집왔을 때를 떠올리면서 우엉조림 이야기를 꺼냈다. 식재료를 구하기 어려운 겨울철이었는데, 마침 마을에 널린 게 우엉이라 그 뿌리를 캐다가 조림을 했다고. 간장에 조리기만 하면 되는 것이어서 쉽기도 할뿐더러 영양가도 높으리라 생각했다고 했다. 처음이라 모든 게 서툴렀는데 그래도 시어머니가 칭찬을 해 주셔서 종부는 그 기억을 오래 간직하고 있다. 그렇게 문절공종가의 우엉조림에는 종부들만의 이야기가 담기게 된 것이다. 사실 종부의 말처럼 내림음식이란 것이 꼭 재료와 요리법이 특별해야만 하는 것인가 싶기도 하다. 아니 얼마나 특별할 수 있을까 싶다. 그것은 그저 종부들의 살림 경영으로부터 나오는 숙련된 손맛, 종부의 시간과 함께 담겨 있는 자연스러움 그 자체라 생각된다. 시어머니에서 며느리로, 곧 종부에서 종부로 이어지는 그 시간들 속에서 차곡차곡 쌓이는 경험의 맛과 멋이라 볼 수도 있겠다.

문절공종가의 현 종부는 자신의 대에서 전수해 주고 싶은 음식으로 '다식'을 꼽았다. 예전부터 전해지던 내림음식은 아니지만 차종부에게 가르쳐 주고 싶은 것이 다식이라고 했다. 이를테면 자신의 대에서 만들어지는 내림음식이랄까. 접빈상에 올려진 오방다식이 형형색색의 고운 자태를 뽐낸다. 형형색색의 빛깔은 천연재료를 이용해서 만든다고 한다. 송홧가루를 사용한 송화다식은 황색을, 녹색 큰 콩인 푸르대콩을 사용한 청태다식은 청색을, 백설기 떡 가루를 사용한 백설기다식은 백색을, 오미자를 사용한 오미자다식은 적색을, 그리고 마지막으로 흑임자를 사용한 흑임자다식은 흑색을 띤다. 손이 참 많이 가는 음식이다. 차종부는 이것을 어떻게 배워서 자신의 이야기를 담을 것인지 그 미래가 살짝 궁금해진다.

▲ 종가의 접빈상

▼ 다식

종가의
전승 문화

3 전승 유물과 보존 노력

문절공종가에는 많은 고전적들이 전해지고 있다. 이에 대해 20대 종손(김기대)은 다음과 같이 말한다.

우리 6대조 할아버지가 돌아가셨을 때 응와 이원조 선생이 만장을 보내셨어요. 그게 귀한 자료라. 우리가 책을 한 만여 권 가지고 있는데, 그게 자랑이지. 다른 사람들이 서원 자료 팔면은 돈 줄 거라고 말해도, 그렇게 어려워도 조상이 물려준 자료 하나도 안 없앴었어요. 6·25사변 때 피난굴이 있었거든. 피난굴 거기다가 족보도 갖다 놓고, 귀중한 책은 굴에다 갖다 놨었거든. 인민군이 여기 한 5일 있다 갔었지.

지금 종손의 6대조 할아버지는 앞에서 등장했던 서간 김준경이다. 응와 이원조는 「사봉정기」를 쓰기도 했었는데, 이것은 현재 사봉정에 현판으로도 걸려 있다. 당시 김준경은 덕천사 창건을 주도하고 종가의 재실 등을 보수하며 지역 내 문중의 입지를 다지고 그 속에서 종가의 보전에 많은 애를 쏟았던 인물이었다. 지역의 저명한 문인들과 인맥을 쌓으면서 선조들의 업적을 알리는 데 여념이 없었던 것을 여러 가지 자료를 통해 확인할 수 있었다. 이원조가 만장을 쓴 것도 이러한 인연 때문이었을 것이다. 더욱이 성주라는 같은 고을, 그리고 사는 곳도 매우 가까웠기에 그와의 인맥은 매우 자연스러웠다. 집안 간의 교류도 활발했던 것으로 보이는데, 응와 이원조가 덕천서원의 원장을 역임하고 그의 조카 한주 이진상이 장의掌議를 지냈던 것이 이러한 사실을 방증한다.

여하튼 종손의 말을 주목해 보면 이런 귀한 자료들과 함께 대략 만여 점의 자료가 종가에 보관되어 있음을 알 수 있다. 그리고 종손은 그것이 어떻게 보존되어 지금까지 전해졌는지, 그 과정이 쉽지 않았던 것도 함께 말하고 있다.

종택 내 사우당 뒤편의 계단으로 올라가다 보면 영모당 아래 6·25 피난굴이라는 작은 동굴이 보인다. 영모당은 최근 이곳으로 이건했다. 예전에는 영모당이 없었을테니 산언덕에 만들어진 작은 굴이었을 것이다. 성인 남자 한 명이 들어가기에도 비좁아 보이는 어두컴컴한 피난굴에는 유물을 보존하려는 종가의 책임감이 잔뜩 서려 있다. 6·25 전쟁이 일어났을 때 종가에서는 덕천서원에서 보관해 오던 고전적들을 보존해야 한다는 일념으로

영모당 아래에 있는 6·25 피난굴의 모습

이 동굴을 팠다고 한다. 당시 대나무로 우거진 숲에 이 작은 동굴을 파고 책을 옮겨 와 보관했던 것이다. 마을 사람 대부분이 피난을 갔는데, 종가 사람들은 조상의 손때가 묻은 유물들을 두고 갈 수 없다며 인민군의 눈을 피해 이 동굴에서 숨어 지냈다. 지금은 영모당 아래 동굴 입구가 보이도록 남겨 두고 돌을 쌓아 올리면서 그 입구가 쉽게 눈에 띄지만, 그때는 대나무 숲이 무성해서 바깥에서는 전혀 알 수가 없었다고 한다.

종가에 전승되는 유물들은 이렇게 지켜졌다. 개인의 소장품이

6·25 피난굴

라 여겼다면 이렇게까지 했을까. 경제적 가치를 생각했다 하더라도 이렇게까지 할 수 있었을까. 돈으로 환산할 수 없는 가치를 알았기에, 아니 돈으로 가치를 매기지 않았기에 가능한 일이었다. 그것들은 아버지, 아버지의 아버지, 또 그 아버지의 아버지, 그 옛날 어느 아버지 때부터 대대로 전해져 오는, 조상들의 손길이 가득 담긴 유물들이었기에 지금까지 온전히 보존될 수 있었던 것이다. 종가의 사람들은 오로지 보존하고 또 물려주어야 한다는 생각뿐이었다. 그러나 이것도 시대가 변화하면서 여러모로 애로

6·25 피난굴 표지판

가 있다. 개인의 힘으로는 보존 환경을 구축하기 쉽지 않기 때문이다. 지금 종손의 바람은 수륜동에 문중 유물관을 짓는 것이고 지금 그 일을 진행하고 있다. 유물관이 완공되면 종가에 있는 고문서와 고서적을 그곳으로 옮길 계획이다.

유물 전승과 관련해 종손은 바람이 하나 더 있다. 바로 의성김씨 자료관을 세우는 것이다. 종가에 있는 의성김씨 자료를 바탕으로 전국에 있는 의성김씨 자료를 수집해 그것을 전시하고 또 후손들에게 물려주었으면 하는 생각이다.

의성김씨 자료를 내가 몇 백 점 가지고 있습니다. 그래서 내 죽기 전에 전국에 있는 의성김씨 자료 전시관을 만들어야 되겠다, 그래 나는 죽기 전에 의성김씨 문중을 위해 촌수를 떠나서 의성김씨 자료관 그것을 하나 남겨 놓아야 되겠다 하는 생각 그게 요즘 고민입니다.

제4장

종가의 건축

종가의 건축

1 사우당과 종택

사우당四友堂 김관석金關石의 셋째 아들 서계 김담수는 정유재란이 일어나자 노모 순천박씨를 모시고 예안으로 피난했다. 그때 아들 김정룡이 예안현감으로 재직하고 있었기 때문이다. 관아에 노모를 모셔다 놓고 자신은 아들에게 방해가 될까 예안 근처 안동에서 머물렀다. 이듬해 1598년(선조 31) 타지에서 노모가 세상을 떠나자, 그는 상주 죽암 근처에 임시로 묘를 쓰고 여묘살이를 했다. 이것이 그가 상주에 뿌리를 내리게 된 배경이었다. 여하튼 이 당시 그는 전쟁과 모친상을 치르느라 성주로 한참을 돌아가지 못하고 있었다. 김담수의 행장 기록에 따르면 그는 1602년(선조 35) 가을에 성주의 선영先塋에 성묘하러 돌아갔다가 가천伽川

의 옛집에서 세상을 떠났다고 한다. 향년 69세였다. 김담수는 성주를 떠난 후 돌아가지 못하는 상황에서 그 심정을 다음과 같이 읊은 바 있다.

꿈에 절구 한 수를 지었는데 맨 첫 구절만 기억나고 나머지는 기억할 수 없었다. 인하여 나머지 세 구를 이루었다.［夢述一絶 但記首一句 餘不記得 因成下三句］

하염없는 세상사 아무것도 할 수 없는데,	世事悠悠百不能
고향 찾아 가는 꿈 가을 들어 더하네.	故山歸夢入秋增
언제가 되어야 어머님과 고향으로 돌아가서,	何時陪母還鄕土
사우당 앞에서 색동옷 입고 춤을 출까.	四友堂前舞綵繒

김담수金聃壽, 『서계선생일고西溪先生逸稿』 권1

이때는 어머니 순천박씨가 살아 계실 때였던 것 같다. 시 제목이 시를 짓게 된 동기이다. 꿈속에서 지은 시가 첫 구절만 생각나고 나머지는 생각이 나지 않았는데, 그런 김에 시를 한 편 완성하게 되었다. 이 시에서 김담수는 고향 성주를 그리워하는 마음을 드러내었다. 고향으로 돌아가는 꿈이 가을 들어 더욱 잦아진 것은 아마도 성묘 때문이었을 것이다. 부득이하게 고향을 떠나 타지에 머물고 있지만, 그사이 돌보지 못하는 부친과 선조들의 묘소가 마음에 걸리고 또 걸렸을 것이다. 눈여겨볼 것은 마지막 구절이다. '사우당四友堂'이 등장하기 때문이다. 14대 종손 김준경

사우당 편액. 김관석의 9대손 김준경이 '사우당'이란 당호를 찾게 된 내력이 함께 새겨져 있다.

은 사우당이 건립된 지 200년이 훨씬 지난 시점에서 종선조從先祖가 되는 김담수의 이 시를 발견하고 김관석이 건립한 당堂의 이름을 알게 되었다. 지금 우리가 부르는 사우당이란 당호는 이때부터 후손들에게 확실하게 알려진 것 같다. 사우당에 걸려 있는 편액에 이러한 내력이 기록되어 있다.

> 이 당堂은 우리 침랑공寢郞公(김관석)께서 건립하셨다. 다행히 임진왜란의 병화에도 보전되었는데 편액扁額을 찾을 수가 없었다. 추고追考해 보니 종선조從先祖 서계공西溪公의 시에 "꿈에 한 편의 절구시를 짓다"라는 제목의 시가 있었다. 그 시는 다음과 같다. … 비로소 '사우四友'가 침랑공의 편호扁號임을 알게 되었다. 이에 추모의 정을 이길 수가 없어서 옛날 호칭 '사우당'으로 편액을 걸고 영원히 그리워하는 마음을 붙이노라.
>
> 숭정기원후사무인崇禎紀元後四戊寅(1818년) 2월二月 9대손 준경俊敬이 삼가 기록하다.

김관석의 아들 김담수는 고향 성주를 떠나 있으면서 그곳의 '사우당'을 추억했다. 그리고 하루빨리 늙은 어머니를 모시고 돌아가 사우당 앞에서 노래자老萊子처럼 색동옷을 입고 춤추며 어머니를 기쁘게 해 드릴 날을 손꼽아 기다리고 있었다. 김관석의 9대 종손 김준경은 이 시를 발견하고 감상에 북받쳤다. 침랑공 선조가 지은 집이 다행히 전쟁의 불길에도 보전되어 지금까지 그 모습을 유지하는데, 그 이름을 고증할 길이 없어서 답답했기 때문이다. 김준경은 여러 가지 노력 끝에 종선조의 시에서 겨우 그 이름 '사우당'을 발견했고, 기쁨과 그리운 마음을 담아 편액을 만들었다.

이렇게 보존된 사우당은 이후 이건과 중건 그리고 다시 이건을 거치며 지금 위치한 그곳에 그렇게 자리 잡았다. 문절공의 18대 종손이자 사우당의 13대 종손인 주선住仙 김추열金樞烈(1876–1946)이 쓴 중건기에서 그 내력을 어느 정도 파악해 볼 수 있다. 김준경이 자신의 거처 문미門楣에 '사우당' 세 글자로 편액을 걸어 놓고 기거할 때도 출입할 때도 자나 깨나 항상 사우당 선조를 추모했음이 여기에서 확인된다. 이후 1838년(헌종 4) 무술년戊戌年에 김추열의 족증대부 추강秋岡 옹의 주관으로 사우당을 이건했다. 그리고 다시 100년이 흐르면서 사우당 여기저기가 무너졌고 후손들은 퇴락한 사우당을 보는 것이 애통하고 불편했다. 그래서 이즈음 사우당 중건에 대한 일을 의논하기 시작했는데, 1933년 계유년癸酉年 정종호鄭宗鎬가 지은 「사우당중건상량문」에는 당시 퇴락한 사우당의 모습이 아래와 같이 그려져 있다.

> 저 덕천서원의 남은 터에 잡초가 무성한 것을 보고 많은 선비들이 한탄하였고, 이 토곡(토실)의 묘소에 가을에 서리가 내리면 군자들이 슬퍼하였다. 하물며 본 당堂(사우당)이 홀로 남아 여러 대가 지났구나. 가서 보니 목재가 썩어 수 척尺의 건물[棟宇]이 덩그렇고 회나무 그늘은 늙어 백 년이 지나는 동안 가지와 잎사귀가 엉성하네. 현조賢祖가 깃들 곳은 어디인가. 여러 자손들은 사모하는 마음을 둘 데가 없구나.

사우당 중건에 뜻을 모은 후손들은 재물을 모으고 공사를 감독하며 각각 그 맡은 바에 힘을 다했다. 그리고 1938년 무인년戊寅年에 공사가 완성되었다. 문중 사람들이 합심해서 추진한 성과였다. 김추열이 쓴 중건기는 공사가 완성된 1938년에 작성된 것이다. 김추열은 중건기 마지막에 중건의 의미와 훗날의 당부를 다음과 같이 기록했다.

> 지금 이후로 수륜修倫 이곳에서 선조의 덕을 추모하고 문란해진 윤리를 다시 닦아 추노鄒魯의 유풍을 다시 일으키는 것은 반드시 이 사우당으로부터 말미암을 것이다. … 우리 종친들은 선대의 일을 다 마쳤다고 말하지 않고 우리의 남은 정성을 게을리하지 않아 지금 이렇게 긍구긍당肯構肯堂하여 다행스럽게도 영광전靈光殿이 없어지는 것은 면하였으니, 힘쓰지 않을 수 있겠는가! 나는 저 천만년 긴 봄의 매난국죽梅蘭菊竹을 우리 자손 대대의 경계로 삼으리라.

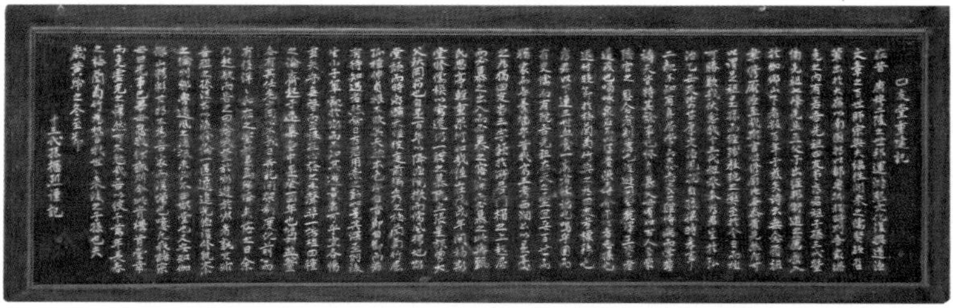

「사우당중건기」 편액. 1938년 사우당의 13대손 김추열이 지었다.

이 중건기 편액도 현재 사우당에 걸려 있다. 김추열은 중건으로 다듬어진 사우당을 보며 수륜동에서 선조의 덕을 추모하고 옛 성인의 유풍을 일으키는 일이 모두 사우당에서 시작될 것이라고 기대했다. 그리고 사우당 재건을 통해 선대의 유업을 잘 계승할 것을 다짐하면서 후손들에게 이것을 잊지 말라고 당부하였다. 긍구긍당肯構肯堂은 『서경書經』 「대고大誥」의 "아버지가 집을 지으려고 이미 그 규모를 정했는데 그 아들이 기꺼이 집의 터도 만들려 하지 않는다면 하물며 기꺼이 집을 지으랴.[若考作室 旣底法 厥子乃不肯堂 矧肯構]"라는 대목에서 유래한 말로, 자손이 선대의 유업을 잘 계승하는 것을 뜻한다. 선조의 자취가 남은 고건물을 중수할 때 이 표현을 자주 쓴다. 영광전靈光殿은 중국 한漢나라 노공왕魯恭王이 건립한 궁전을 가리키는데, 여러 차례 전란을 겪었어도 이 궁전만은 온전하게 보존되었다고 한다. 여기에서는 사우당을 영광전에 비유해서 말한 것이다.

김추열이 마지막에 사우당 앞에 매난국죽을 심어 후손들의 경계로 삼는다고 한 것은 김관석의 '사우시四友詩'를 유념해서였다. 이 사우시는 김준경이 집안 책장에 끼여 있는 종잇조각 속에서 우연히 발견한 것이었다. 김준경은 임진왜란으로 종가의 전적들이 대부분 소실되고 얼마 남아 있지 않은 것을 안타까워하였다. 그래서 평소에도 선조들의 저술 흔적을 찾는 데 꽤 애를 쓴 것으로 보인다. 김준경은 이 시를 발견하고 '사우四友'의 뜻을 확신하였고, 이것을 기록해서 후대에 전하려 하였다. 김관석의 사우시는 아래와 같다.

반 이랑의 뜰 앞에 사군자를 심으니,	半畝庭前植四君
그윽한 꽃과 곧은 줄기 범상하지 않구나.	幽花貞幹不凡群
매화와 난초는 봄여름에 향을 볼 만하고,	梅蘭春夏香能看
국화와 대나무는 가을겨울에 절개를 듣겠구나.	菊竹秋冬節自聞
묘사하여 병풍을 만드니 모두 묘한 그림이라,	試寫粧屛皆妙畵
시재詩材 삼아 읊어 시축을 만드니 기이한 글귀구나.	題吟作軸亦奇文
일 년 내내 아름다운 모습을 때에 따라 즐기니,	年中美觀移時樂
맑은 표상 사랑스러우니 벗할 만하다 이르노라.	愛爾淸標可友云

사우당은 최종적으로 1981년에 지금의 터로 다시 옮겨 지어졌다. 후손 김동희金東熙가 쓴 「사우당이건낙성고유문四友堂移建落城告由文」에 따르면, 사우당이 다시 세월이 오래되면서 지대가 꺼지고 습하여 지붕이 기울고 기둥이 무너졌으므로 옛터로 다시 옮긴다고 하였다. 고유문은 이건을 완성하고 고유제를 지내면서

종택 내에 있는 돌에 새겨진 사우시

「사우당십경운」 현판

쓴 것으로 보인다. 그렇다면 지금 종택 내 사우당이 있는 터가 원래 자리인 셈이다. 그 경과를 정리해 보면 1838년 사우당을 지금의 자리에서 다른 곳으로 옮겼다가 1938년 그곳에서 중건하였으며, 1981년 지금의 자리로 다시 이건한 것이다.

사우당은 현재 종택 안 깊숙한 곳에 위치해 있다. 사랑채와

경지문敬止門

안채를 지나 계속 걸어 들어가면 사우당으로 들어가는 '경지문敬止門'이 나온다. 그 문으로 들어서면 사우당이 한눈에 들어오는데, 소박한 건물의 형태가 남아 있는 모습만으로도 오랜 세월을 어떻게 버텨 왔는지 짐작게 한다. 사우당은 여섯 기둥 정면 5칸, 측면 2칸으로, 가운데 대청이 있고 양쪽으로 방이 있는 중당협실형中堂夾室形 건물이다. 지금의 사우당에는 종손을 비롯한 그 자손들의 노력과 정성이 지나온 시간과 함께 곳곳에 배어 있다.

사우당이 몇 번의 이건과 중건을 거치면서 원래 그 자리에 다시 우뚝해진 것은 1981년이었다. 그 뒤로 이 터에 옛 종택을 이건

사우당 전경 ▲

사우당 내에 있는 400년 된 우물 '영천녹죽靈泉綠竹' ▼

문절공 사우당 의성김씨 종택 표지석

하고 몇 개의 건물을 신축하면서 지금과 같은 완전한 형태를 갖추게 되었다. 사우당종택이 현재의 모습이 된 것은 대략 1990년대 후반쯤이다.

종택 입구에 서면 '문절공 사우당 의성김씨 종택'이라고 새겨진 표지석이 눈에 들어온다. 앞에서 종가의 내력을 살펴봤듯이, 이 종가를 문절공종가라고만 부르기도 사우당종가라고만 부르기도 다소 아쉬운 것이 사실이다. 사우당은 수륜동 입향조이므로 수륜동 의성김씨들에게 그 존재의 상징성이 결코 작지 않기 때문이다. 그래서 그 절충으로 두 분을 다 표시한 것 같다. 그리고

종택의 솟을삼문 '윤호문倫湖門'

지금 종택에는 두 분의 자취가 곳곳에 깃들어 있다. 종택 제일 끝 언덕에 자리 잡은 '영모재永慕齋'는 문절공 김용초를 추모하기 위해 건립된 재실이다. 근래에 이건하였는데, 영모재의 자세한 내력은 뒤에서 이야기하기로 한다. 여하튼 영모재는 종택 제일 깊고도 높은 곳에 위치하여 마치 종택을 품고 있는 것처럼 보인다. 그리고 그 아래 약간 낮은 곳에 사우당이 영모재에 안겨 있는 듯한 또는 영모재를 받들고 있는 듯한 모습으로 위치해 있다.

종택으로 들어가는 '윤호문倫湖門'을 바라볼 때, 문 왼쪽으로 근래 지어진 전통문화체험교육관 두 동이 앞뒤로 서 있는 것을 볼 수 있다. 2019년 현재 종택을 지키는 20대 종손·종부는 종가 문화의 현대적 활용을 앞장서서 주도하고 있다. 종가의 전통을 잘 받들어 지키는 것을 사명으로 여겨 평생 실천하고 살아왔으며, 그 전통을 유지해서 자손들에게 제대로 물려주기 위해 고택 체험으로 현대인들과 소통하며 지내고 있다. 전통문화체험교육관은 이런 취지를 배경으로 지어진 것이다.

윤호문을 들어서면 약간 오른쪽으로 비킨 곳에 사랑채가 있다. 사랑채에는 '주선당住仙堂'이란 편액이 걸려 있다. 이와 함께 「주선설住仙說」과 「주선당기住仙堂記」 편액도 걸려 있는데, 「주선설」은 김추열이 63세이던 1938년에 지은 것으로, 수륜동의 산수와 그 땅에 세거해 온 의성김씨 내력에 '주선住仙(신선의 세계에 머무르다)'이란 의미를 부여하며 스스로 호를 삼은 것이다. 「주선당기」는 이규형李圭衡(1879–1952)이 김추열의 부탁을 받고 1942년에 지어 준 것이다. 이규형은 본관이 성주이며, 만구晩求 이종기李種杞(1837–1902)의 문인이다. 성주군 수륜면 남은리 작천柞川 출신이므로 김추열과는 어려서부터 교분이 있었던 것으로 파악된다. 김추열은 사랑채의 당호를 주선당으로 명명한 후 그것을 편액으로 만들어 걸어 놓고 지냈다.

사랑채 뒤에는 서고가 있고 그 맞은편에 안채가 있다. 안채는 'ㄱ'자형이며 5칸으로 이루어져 있는데, 정면은 4칸, 마주 보는 왼쪽 측면은 2칸, 오른쪽 측면은 3칸으로 되어 있다. 중앙의 방 2칸 앞에는 툇마루를 두었다.

종택의 사랑채 '주선당住仙堂' ▲

종택의 안채 ▼

▲ 영모당에서 내려다본 종택

▼ 종택 전경

종가의
건축

2 종가의 재실齋室

윤동마을 입구로 들어가면 오른쪽으로 원모재와 세덕사가 보인다. 원모재는 문절공 김용초와 그 부친 참판공參判公 김수덕金修德을 추모하기 위해 건립한 재실로, 파조派祖를 추모하는 공간인 만큼 문절공종가에서 가장 중심적 장소라고 볼 수 있다.

1) 원모재遠慕齋

재실로 들어가는 문은 '태화문太和門'이다. 그 문을 열고 들어가면 원모재가 한눈에 들어온다. 원모재는 정면 5칸, 측면 2칸으로 중간에 마루가 있고 양쪽으로 방이 있는 일자형 중당협실中堂

▲ 태화문太和門

▼ 원모재 전경

원모재 현판

夾室 형태의 건물이다.

마주 보이는 마루 정면 중앙에 '원모재遠慕齋'라는 현판이 걸려 있고 그 주위로 여러 개의 편액이 걸려 있다. 그 가운데 「원모재기」 편액은 문절공 13대 종손 김동범金東範(1721-1772)이 지은 것이다. 이 기문에 원모재의 건립 배경과 취지가 잘 드러나 있다. 기문 첫 부분에는 원모재가 위치한 곳과 누구를 추모하는 곳인지 아래와 같이 명확하게 밝혀 놓았다.

> 성주星州의 남쪽으로 40리 되는 곳에 윤동倫洞이 있으니 우리 김씨가 대대로 거주한 터전이다. 하나의 재실이 있는데 바로 우리의 파조派祖 증이조참판 휘 수덕修德과 그 아들 병마도절제사 휘 용초用超 두 분을 모신 곳이다.

원모재가 의성김씨 문절공파의 파조 문절공 김용초와 그 부친 김수덕을 추모하기 위해서 윤동마을에 건립되었음을 분명히 드러내었다. 이어지는 부분에서는 윤동의 비옥한 자연환경과 이를 기반으로 대대로 거주해 온 의성김씨들이 정신적 가치 또한 잘 지켜 왔음을 자부하였다. 그리고 이러한 배경 덕분에 과거 급제자들이 연달아 배출되었고 덕망 있는 석학들도 앞뒤로 나왔다고 언급하였다. 그래서 계를 결성해 돈과 곡식을 거두어들여 몇 년간 불려서 늘린 다음 전답을 사서 두고는 길흉사에 서로 돕고 환난에 서로 구휼했다고 한다. 이것은 범중엄이 만든 의전義田을 모방했다고 하였는데, 의전을 따라했던 궁극의 목적은 우수한 인재를 양성하고 어리석고 어진 사람을 구별하여 의성김씨 문중을 빛낼 수 있는 사람을 기르는 것이었다. 범중엄은 중국 북송 시대의 저명한 정치가이자 문학가 그리고 교육자였다. 전공보錢公輔가 쓴 「의전기義田記」에 "범 문정공(중엄)이 존귀하고 현달할 당시에 성곽 가까이의 항상 풍작이 되는 비옥한 토지 1,000무畝를 마련하여 의전義田이라고 이름 붙이고는 이것으로 친족들을 공양하고 구제하는 자본으로 삼았다."라는 말이 나온다. 의전에서 나오는 수익금을 밑바탕으로 삼아 친족들의 길흉사가 있을 때마다 얼마씩 도와주었는데, 그것이 매우 체계적이었음을 알 수 있다. 또한 가난으로 공부에 매진하지 못하는 젊은이들에게 장학금으로도 지출하고 나이 많은 노인들을 위해 쓰기도 했다.

수륜동의 의성김씨들은 친족 간의 단합과 화목을 도모하기 위해 서로의 어려움을 구휼해 주는 데 힘을 쏟았고, 그 밑바탕이 되는 경제적 기반을 마련하기 위해 이렇게 계를 결성해 운영했던 것이다.

갑자년(1744년, 영조 20) 봄에 종중宗中의 의론이 거세게 일어나 "우리 선조를 추모하는 장소가 지금까지 겨를이 없었다지만 어찌 재사도 건립하지 못

했단 말인가!"라고 하며, 곧장 마을 앞 툭 트인 터전에 여섯 기둥 다섯 칸의 건물을 세우니 마루가 반듯하고 문과 처마가 번쩍번쩍하였다. 이름을 '원모재'라고 불였다.

이때까지 수륜동에는 문절공을 추모하는 공간이 없었던 것으로 보인다. 1744년 문절공의 재실을 지어야 한다는 문중 의론이 형성되었고, 의론이 일어나자마자 실행에 옮겨졌다. 마을 앞 상개지지塽塏之地(높고 밝은 땅)에 재실을 지었으니 지금 원모재가 있는 그 자리이다. 김동범은 원모재가 지어진 배경을 위와 같이 기록한 후 자신이 이러한 사실을 기록해야 하는 책임을 맡았다고 이야기했다. 그리고 기록하기를, 대수가 거듭되면서 촌수가 멀어지고 사이가 소원해져 서로 따르며 회합을 기약하는 것이 어렵게 되었지만, 그렇다고 해서 근본을 추구하는 마음이 없는 것은 아니라고 하였다. 결국 한 선조로부터 하나의 기운을 이어받은 친족임을 강조한 것이다. 그래서 김동범은 제안하기를 "원모재에 올라 벼가 누렇게 익은 들을 바라보고 소나무와 잣나무가 빽빽한 산을 바라볼 때는 우리 선조의 부지런하고 검소함을 추모하며 제사 지내고, 자손 중에 과거에 급제하여 당세에 이름을 날린 자가 있으면 우리 선조의 음덕蔭德을 추모한다."라고 하였다. 그리고 문을 들어설 때에도 당에 오를 때에도 계단을 오르내릴 때에도 공손하게 해서 마치 선조가 오르내리고 문을 드나들듯이 하라며, 이 모든 것이 먼 조상을 정성껏 추모하는 뜻이라고 하였다.

그 시절 원모재의 동쪽 방에서는 연로한 어른들이 잔치를 베

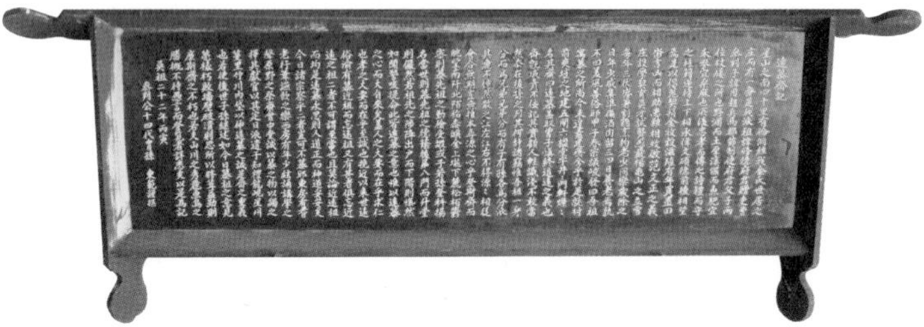

「원모재기」 편액. 1746년(영조 22)에 문절공 13대 종손 김동범이 지었다.

「원모재상량문」 편액. 1744년(영조 20)에 후손 김익후金益垕가 지었다.

풀며 정답게 술을 마시고 서쪽 방에서는 젊은이들이 경전을 암송하며 강학하는 소리가 활기차게 울려 퍼졌다. 그리고 묘제가 있을 때에는 원모재 중간 마루에 모두 모여서 추모하는 정성을 담아 깨끗한 제물을 준비하고 헌관을 뽑아 정해진 날에 제물과 함께 나누어 보냈다. 보내는 곳은 지례(지금의 김천) 용현, 성주의 만리蔓里·죽천竹川·안터[內基] 등지였다. 지례에는 당시 문절공의 묘소가 있었고, 성주 각처에는 문절공 후손들의 묘소가 있었다. 의성김씨 문절공파 후손들에게 원모재의 의미는 바로 이것이다. 이 원모재를 중심으로 종친들이 지속적으로 모이며 화합을 도모하고,

이를 토대로 먼 조상을 정성껏 추모하며 다시 이를 바탕으로 문중의 미래와 발전을 그리는 곳, 그것은 과거에 그랬듯이 현재에도 미래에도 같은 의미로 대대손손 전해질 것이다.

원모재에 걸려 있는 상량문 편액은 문절공 추모 공간을 건립하자는 의론이 일어난 해인 1744년(영조 20)에 작성된 것이다. 김동범이 지은 「원모재기」에서 말한 그대로였다.

원모재는 이후 여러 번의 보수 공사를 거치다가 1987년 대대적인 중수를 하게 되었다. 이때 후손들은 정성껏 성금을 내어 공사를 도모하였는데, 그 명단과 내역이 '원모재 수호헌성록守護獻誠錄'이란 이름의 현판으로 지금 원모재에 걸려 있다. 문절공의 지파인 부사직공(김귀손)파, 부사직공(김중손)파, 부사직공(김윤손)파, 교위공(김계손)파, 수사공(김감)파별로 성금을 낸 후손들의 명단이 정리되어 있다.

2) 영모당永慕堂

종택 안으로 깊숙이 들어가서 가파른 돌계단으로 올라가면 영모당이 나타난다. 영모당은 문절공을 추모하기 위해 건립된 재실로, 본래는 영모재라고 불렸다. 문절공 묘소가 있던 김천시 부항면에 문절공의 신도비와 같이 있었는데, 부항댐 건설로 수몰 위기에 처해 이건해야만 하는 상황이 되었다. 그래서 근년에 종택 뒤 조금 높은 언덕에 돌을 쌓고 평평하게 만든 후 옮겨 놓은 것으로 파악된다. 영모당 아래로 가까이 가서 높이 솟아 있는 그 모습을 눈에 담으려면 고개를 한껏 들고 올려다봐야 한다. 그리고 돌계단을 한 계단 한 계단 밟고 올라가 영모당 마루에 오르면 생각보다 넓은 들이 눈앞에 펼쳐져서 살짝 놀라게 된다. 앞서 김동범이 「원모재기」에서 수륜동의 넓은 들과 비옥한 땅, 그리고 깊은 계곡과 살진 물고기를 자랑했는데, 그 풍경이 생생하게 떠오를 만큼 수륜동의 탁 트인 경관이 상쾌함과 여유로움을 더해준다. 푸른 대숲에 둘러싸인 영모당은 그 위치가 자손들이 추모하는 파시조派始祖 문절공의 위상과 겹쳐지면서 상징성이 더욱 부각되는 것처럼 느껴진다. 영모당은 정면 4칸, 측면 1.5칸으로 홑처마 팔작지붕의 전형적인 재실 형태를 취하고 있다.

영모당에 걸려 있는 「영모재실기永慕齋實記」는 14대 종손 김준경이 1827년(순조 27)에 작성한 것이다. 그 글에는 영모재를 짓게 된 배경이 문절공 묘소를 찾게 된 과정과 함께 상세하게 기록되어 있다. 문절공의 묘소는 본래 지례(지금의 김천) 용강산 기슭에 있었는데, 전쟁으로 인해 많지 않은 자손들이 각처로 흩어지면서 묘소를 수호하지 못하고 잃어버리게 되었다고 한다. 그런데 1687년(숙종 13)에 그 자손 목포牧圃 김중성金重聲(1655~1699)이 김천을 지나다가 길에서 우연히 문절공 묘소에 대한 이야기를 들었고, 그 묘소를 찾기 위해 노력했다. 김중성은 퇴은 김즙의 셋째 아들 김시영金是榮의 차남이다. 그는 여러 고을의 종중에 이러한 사실을 통지한 후 안동 해저에 가서 의논하였다. 그래서 알게 된 사실이 고故

영모당

팔오헌八吾軒 김성구金聲久(1641–1707)가 연명으로 정장을 올렸고 이 때문에 관청이 문절공 묘소의 처소를 상세하게 조사한 바 있다는 것이었다. 김성구 또한 문절공의 자손이다. 교위공 김계손의 증손자 칠봉 김희삼의 차남 개암開巖 김우굉金宇宏(1524–1590)의 5대손이다. 김우굉은 성주 사월리(사도실)에서 태어났으나 후에 상주 개구암開口巖으로 이거하고 다시 만년에 봉화 해저로 옮겨 정착했다. 봉화 해저(바래미)의 입향조인 셈이다. 이후 이곳 의성김씨 문중에서는 뛰어난 인물이 많이 배출되었는데 김성구도 그중 한 명이다. 1773년(영조 49) 마침내 각처에 퍼져 있는 문절공의 자손들이 함께 모여 문절공 묘소를 정비하고 제사를 올렸다고 한다.

1794년(정조 18) 김성구의 증손 와은臥隱 김한동金翰東(1740–1811)이 묘소 아래 거처하는 종친에게 돈을 주며 비석을 세워 달라고 신신부탁했다. 당시 김한동은 순천부사로 재직 중이어서 일을 도모하기 어려웠기 때문이다. 3년이 지난 1797년(정조 21)에 김준경이 문절공의 추향제秋享祭에 참여했다가 지난번 김한동이 건넨 돈이 이자가 불어 일을 도모할 수 있게 되었다는 말을 듣게 되었다. 김준경 또한 문절공의 묘비를 세우는 데 힘을 보태었다고 한다. 이후 여러 종친들의 노력으로 1800년(정조 24)에 묘비를 세웠고, 그 비문은 김한동이 작성하였다. 비문은 그의 문집인 『와은집臥隱集』에 「선조 가의대부행호남도병마절제사부군의 묘갈문[先祖嘉義大夫行湖南道兵馬節制使府君碣文(庚申)]」이란 제목으로 수록되어 있다.

성주에서 지례(김천) 유천촌으로 이거하였다. 배위는 옥산장씨玉山張氏이다. 묘소는 지례知禮 유천柳川에 있다. … 묘소는 유천촌 언덕 뒷산에 있다. 1686년(숙종 12)에 산소를 찾아서 1763년(영조 39)에 후손 한동이 종형 진동과 여러 후손들과 상의하여 묘역을 정비하고 봉분을 가토하였다. 배위 정부인 인동장씨의 세계는 전하지 않고, 묘소는 성주 만리蔓里 동강 선생의 묘소 뒤에 있다. … 생원 (김)중성(金)重聲이 병인년丙寅年(1686)에 문절공의 묘소를 찾았다. … 김윤손의 현손玄孫 여권汝權의 호는 관란재觀瀾齋이다. 김계손의 손자 희삼希參은 칠봉七峰공으로, 천곡川谷 동별사東別祠에 제향되었다. 칠봉공은 아들 네 분을 두었는데 (김)우홍(金)宇弘은 부사이고, (김)우굉(金)宇宏은 부제학이니, 호가 개암開巖으로 속수서원涑水院祠에 제향되었고,

영모당 전경

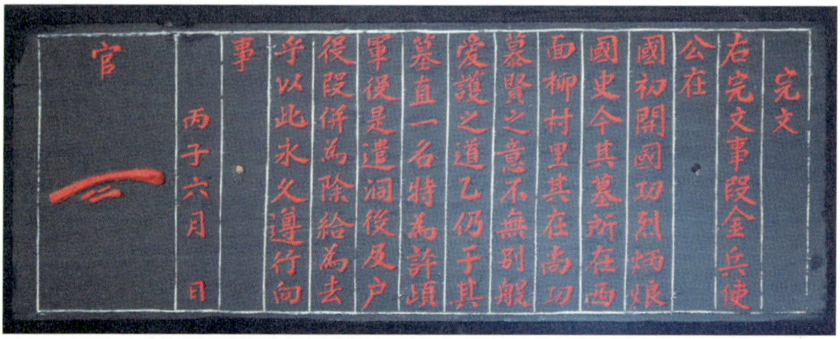

完文

右完文事段金兵使
公在
國初開國功烈炳烺
國史今其墓所在西
面柳村里其在尙功
慕賢之意不無别般
愛護之道乙仍于其
墓直一名特爲許頉
軍役是遣洞役及戶
役段幷爲除給爲去
乎以此永久遵行向
事

丙子六月 日

官

문절공 묘소 수호완문

* 영모당에 걸려 있는 문절공 묘소 수호 완문 편액은 문절공의 개국 공적을 숭상하고 추모하기 위해 작성된 것이다. 묘소를 지키는 산지기 1명에게 군역을 면제해 주면서 동역洞役과 호역戶役도 함께 면제해 주도록 하였다. 병자년(1816)에 지례현감이 발급한 것으로 보인다.

「영모재실기」 편액. 1827년(순조 27) 14대 종손 김준경이 지었다.

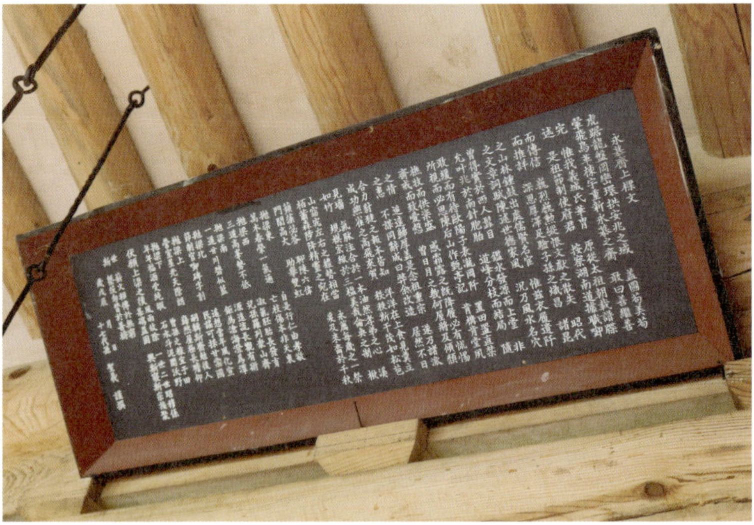

「영모재상량문」 편액

(김)우용(金)宇容의 호는 사계로 사헌부감찰이고, (김)우옹(金)宇顒은 이조참판으로 호가 동강東岡이니 청천서원晴川院祠에 제향되었다. 그 후 여러 대를 내려오면서 많은 인물이 청한직을 역임하였고, 공의 묘갈을 찬한 한동翰東은 교위공(김계손)의 후손이다.

김한동은 묘비문에서 김중성이 문절공의 묘소를 찾았다고 기록했는데, 김준경이 기록한 실기와는 1년의 차이가 있다. 전달과 기록의 과정에서 발생한 약간의 오차로 보인다. 묘비를 세운 후 묘소 수호를 위해 1816년경에 영모재를 창건하였다고 한다. 「영모당중수기永慕堂重修記」에 따르면 이후 건물이 쇠락해지자, 후손들이 1927년에 새롭게 신축하였다고 한다.

3) 영사재永思齋

영사재는 퇴은 김즙을 추모하기 위해 근래에 건립한 재실로, 덕천서원의 왼편에 위치해 있다. 재실에 걸려 있는 기문과 상량문에 근거하면 영사재는 1971년에 지어졌다. 당시 물력이 부족해서 문중의 고민이 깊었는데 후손들이 부족금을 쾌척하여 신속하게 공사를 마칠 수 있었다고 한다. 영사재라는 이름은 『시경詩經』에 "길이 효도하며 생각하는지라. 효도하며 생각하는 것이 법이 된다.[永言孝思 孝思維則]"라는 구절에서 따온 것이다. 퇴은 김즙은 물론이고 의성김씨 문절공 후손들의 지극했던 효성을 생각하면 정자 이름 그대로 어떤 울림이 전해져 오는 듯하다.

▲ 영사재

▼ 「영사재기」 편액

종가의 건축

3 사봉정沙峰亭

지금 사봉정은 가야산 동쪽 중턱의 첫 동네인 모래재(가천면 법전리) 부락에 자리 잡고 있다. 사봉 김천택은 당시 이곳에 집을 짓고 자제들과 함께 학문을 강론했었다. 모래재란 마을의 지명은 사봉 김천택의 호 사봉沙峰에서 유래했다고 한다. 「사봉정상량문」에는 김천택 사후에 사봉정이 퇴락해 무너지고 점점 시간이 흐를수록 그 터조차 찾기 어려웠던 상황이 다음과 같이 그려져 있다.

> 공이 산에서 나오니 몇 칸 정사亭舍는 병화를 입었구나. 사람들이 땅을 개간하니 백 년의 누대와 못에 잡목이 무성하다. 태산 같은 전형典型을 의거할 데가 없으니 후손들의 한스러움이 극에 달하는구나. 잔잔한 시내의 꽃

과 돌은 모두 무너져 사문斯文의 탄식만 더할 뿐이다. 옛터를 찾아갈 때 그 길을 몇 번이나 물으며 탄식했던가. 남긴 풍속을 묻고 물어서 고을에 들어갈 때마다 서성거렸네. 다행스럽게도 작년 봄에 그 옛날의 땅을 얻었도다. 기와 조각이 가득하니 당시의 퇴락한 모습 어찌 차마 말하리까. 숲과 골짜기 새로워지니 마침내 금년부터 창건을 시작하도다. … 방손과 본손 모두 힘을 합하고 재물 모으는 방법을 도모하는구나.

「사봉정상량문沙峰亭上樑文」

사봉정은 김천택이 가야산에서 나온 후에 병화를 입어 퇴락했던 것으로 보인다. 그 후 사람들이 그 땅을 개간하여 정자는 물론이고 터까지 못 찾게 되었다. 후손들이 옛터를 찾기 위해 노력을 많이 쏟았으나 쉽지 않았는데, 다행히도 우연한 기회에 사봉정이 있던 옛날 땅을 발견하였다. 사봉정의 기와 조각이 무더기로 남아 있어 그 흔적이 확실했다. 그래서 방손과 본손 모두 힘을 합하고 재물을 모아 창건을 시작해 2년 뒤인 1857년(철종 8)에 사봉정이 완공되었다. 완공된 후에는 응와 이원조에게 기문을 청탁했다. 이원조는 사봉정 기문에서 그 옛터를 발견하게 된 경위를 다음과 같이 기록하였다.

사봉 선생 김 공은 덕행으로 고을에서 중망이 있었다. 일찍이 사봉 아래에 집을 지어 독서를 하니 이것에 기인하여 호로 삼았다. 유문이 산실되어 그 영향이 남아 있지 않은 데 더불어 그 터도 함께 잃어버린 것이 거의 수백 년이 되었다. 을묘년(1855, 철종 6)에 김씨 한 사람이 가천의 사봉마을을 지나다가 듣기를, 마을 사람이 개간하는 밭에서 옛 가옥의 빈 터를 발견했는

사봉정

사봉정 현판

데 나열된 주춧돌이 완연하고 그 곁에 기와와 돌이 무더기를 이루었으며 바위 틈에는 꽃과 풀이 피었다고 하였다. 마침내 여러 족인들과 선생의 후손이 가서 살펴보고는 놀라고 기이하게 여겨 그 터에 집을 세워 유허를 드러내고자 하였다.

이원조李源祚, 『응와집凝窩集』 권14, 「사봉정기沙峰亭記」

의성김씨 후손 가운데 한 사람이 가천면의 사봉마을(모래재)을 지나다가 우연히 마을 사람의 이야기를 듣게 되었다. 마을의 밭을 개간하다가 주춧돌과 기와 무더기를 발견했다는 것이었다. 후손들은 곧장 그곳을 찾아가 살펴보고 집을 세우려고 마음먹었으며, 그것을 실행에 옮겨 마침내 사봉정을 완공할 수 있었다. 이원조는 기문에서, 자신도 몇 해 전에 사봉정 너머에 정자를 하나 지었다고 하며 이제 사봉 선생의 가르침은 얻을 수 없지만 정자에서 독서하며 사봉정을 바라보면 선생의 풍모를 떠올릴 수 있다고 하였다. 이원조가 지은 정자는 만귀정晩歸亭을 가리킨다.

이렇게 건립된 사봉정은 이후 시간이 지나면서 다시 퇴락했다. 그리고 1916년에 중수해 지금까지 이르고 있다.

종가의
건축

4 덕천서원德泉書院

덕천서원은 처음에 사당의 형태였다. 정종로의 기록에서도 볼 수 있듯이 당시 성주의 사림士林들은 사우당 김관석과 사봉 김천택, 그리고 퇴은 김즙 세 사람을 제향하기 위해 사당 창건을 추진했다. 그래서 그 자손들과 함께 의론을 모으고 지역 내외의 사림들에게도 그 뜻을 알려 지지를 얻은 다음 공사에 착수했다. 구당 조호연의 상량문에 그러한 정황이 담겨 있다.

> 대개 세 분의 지극한 행실과 아름다운 덕은 당시에만 공경하고 따른 것이 아니니, 저 백 년의 유풍과 여운이 쇠퇴한 세상을 일으킬 수 있도다. 고을과 인근의 선비들도 오히려 상상하며 잊지 못하는데 하물며 우리 자손들

덕천서원 전경

이 어찌 그 자취가 아주 없어지게 두겠는가. 이리하여 한 터전을 가리켜 감회를 일으키고 옛 법전을 끌어와 두루 자문하였도다. … 오직 덕천德泉 한 구역의 산수는 덕이 높은 사람의 백 년 고향이로다. 그 아래 몇 칸의 오두막이 있으니 이곳에서 소요하고 음영하며 독서했도다. 삼대의 아름다운 자취가 이 가운데 머무니 땅이 늙지 않고 바람이 늙지 않았으며 달도 늙지 않았도다. … 아! 이 거닐던 땅에 제사 모실 집이 없을 수 있겠는가. 이것은 자손들의 사사로운 정뿐만이 아니라 사림들의 공론이 있었던 것이다.

조호연趙虎然, 「덕천원우상량문德泉院宇上樑文」(종가 소장)

앞에서 거론했듯이 정종로는 사우당 김관석의 묘갈명을 쓰면서 이르기를 "금상今上(정조) 18년 갑인년(1794) 겨울에 성주 사림들이 고인이신 참봉 김 공(사우당 김관석)과 그 손자 사봉(김천택), 증손 퇴은(김즙) 두 공을 고을의 덕천사德泉祠에 함께 배향하고 나(정종로)에게 봉안문과 상향문을 청탁했다."라고 하였다. 이 기록에 의거하면 덕천사는 1794년에 완공한 것이다. 증손자 김즙이 세상을 떠난 해가 1639년(인조 17)이니 이때는 대략 155년이 지난 시점이었다. 조호연은 당시 성주 지역을 중심으로 그 인근의 선비들까지 세 사람의 덕행을 사모하여 잊지 못하고 있다며, 이것이 배경이 되어 사당을 건립하게 되었음을 밝혔다. 그리고 마지막 부분에서 자손들의 사사로운 정만으로 추진한 것이 아니라 사림들의 공론이 있었기에 가능했다는 점을 다시 한번 강조하였다. 앞에서 살펴본 것처럼 건립 당시 타 지역 사림들은 문중의 요청에 따라 관련 문장들을 흔쾌히 써 주었는데, 이러한 사실만으로도 당시 지역 공론이 분명했다는 사실을 어느 정도 유추해 볼 수 있다.

처음에 사당으로 건립되었지만 후에는 서원으로 승격되었다. 그 시기가 명확하지는 않지만 서원 역대 임원들의 명부인 『전임안前任案』을 살펴보면 대략 1800년대 중반쯤인 듯하다. 『전임안』에는 의성김씨 후손들을 비롯해 성산이씨 응와凝窩 이원조李源祚(1792-1871)와 한주寒洲 이진상李震相(1818-1886), 청주정씨 고헌顧軒 정래석鄭來錫(1808-1893), 영천최씨 해암海庵 최영록崔永祿(1793-1871) 등이 기재되어 있다. 이들은 각각 원장 또는 장의 등을 역임했

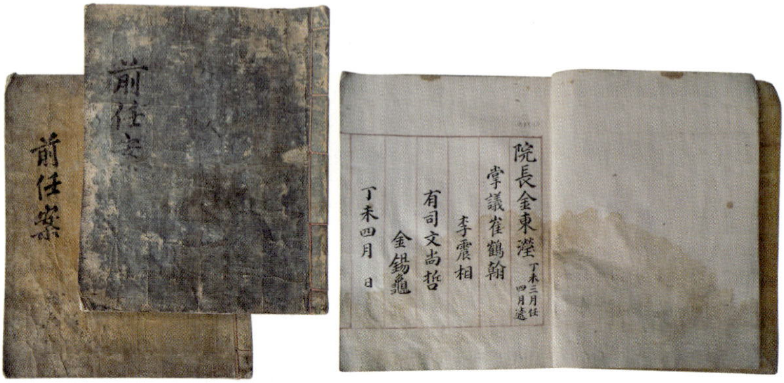

1800년대 중반에 작성된 덕천서원『전임안前任案』의 표지와 첫 장(종가 소장)

다. 현재 정보가 확인되는 위의 인물들로 판단해 볼 때, 덕천사가 1800년대 중반쯤 서원으로 승격된 것이 아닌가 싶다.

다시 조호연의 상량문으로 돌아가서, 처음 사당이 건립된 터를 살펴보면 '덕천德泉'이라 일컬었음을 알 수 있다. 사우당을 비롯한 세 사람은 덕천의 산수를 사랑해서 그 아래 오두막을 지어 놓고 그곳에서 산수를 즐기며 시를 읊거나 독서했다고 하였다. 그러한 자취가 남아 있는 곳이기에 이들을 모시는 사당을 짓고 '덕천사'라고 이름 붙였던 것이다.

덕천은 지금의 성주군 수륜면 서원골을 가리킨다. 서원골이라는 지명이 유래된 배경이 곧 덕천서원 때문이다. 덕천서원이 있던 곳이었는데 그 후 서원이 폐해지고 마을이 들어서게 되었고, 이러

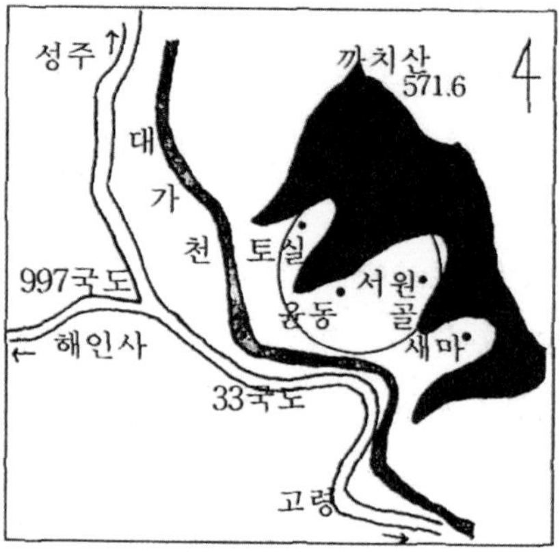

서원골의 위치: 「성주 윤동마을 주거환경의 전통성에 관한 연구」(이중우 외) 수록

한 연유로 서원이 있던 골짜기 마을이라고 하여 '서원골'이라 불리게 되었다고 한다. 덕천사에서 덕천서원으로, 그리고 그 서원이 훼철되고 사라져서 지명으로만 남게 되었다. 위 그림은 윤동 주변 마을의 위치를 간략하게 그린 것이다. 까치산을 병풍으로 삼았을 때 들어간 골짜기가 토실[土谷]과 서원골이고 산등성 앞 들판에 위치한 곳이 윤동이다. 윤동에서 동북쪽으로 돌아 들어가면 서원골이 나오는데, 이곳에 덕천서원이 있었다.

덕천서원이 훼철된 후 서원이 있던 곳에는 숲이 무성한 채로 오랜 세월이 흘렀다. 후손들의 마음이 어떠했겠는가. 순환의 역사처럼 후손들은 다시 뜻을 모아 복원을 추진했다. 과거에 선조들의 자취가 남아 있는 건물이 무너지면 이건하고 중건하고 보

덕천서원 유허단비

수했던 것처럼 현대에도 그 전통을 계승했다. 복원의 터는 윤동으로 정했다. 사우당종택을 중심으로 삼았을 때 서원골 쪽이 아니라 토실 쪽에 가까운 곳이다. 2006년 문중의 성원들이 원모재에 모여 복원을 발의하고 친족들의 성금과 정부의 지원으로 공사에 착수했다. 그리고 2019년 5월 덕천서원이 완전하게 복원되었다.

서원 입구에는 누각이 서 있다. 누각의 이름은 앙도루仰道樓이다. 앙도루에 오르면 서원 앞에 펼쳐진 산수가 한눈에 들어온다.

덕천서원 앙도루仰道樓 ▲

덕천서원 원광문遠光門 ▼

▲ 덕천서원 존덕사尊德祠

▼ 덕천서원 경앙문敬仰門

앙도루를 지나면 서원의 문인 원광문遠光門이 나타나고, 원광문으로 들어서면 정면에 강당인 명도당明道堂이 보인다.

명도당은 전체 5칸으로 중앙에 마루 3칸, 양쪽에 방 2칸인 구조이다. 동쪽 방은 함유실涵濡室이고, 서쪽 방은 마탁헌磨琢軒이다. 그리고 양쪽으로 기숙사인 동재와 서재가 있는데, 3칸 구조이다. 동재는 양진헌養眞軒, 서재는 사원요思源寮라고 각각 이름을 붙였다. 강당을 바라보고 섰을 때, 동재 옆으로는 부속건물인 서원 관리동 사직사司職舍가 있고, 명도당 왼쪽으로는 향례 때 제수를 준비하는 전사청이 있다. 마지막으로 서원 제일 뒤편에 위패를 봉안한 사당인 존덕사尊德祠가 있다. 사당 출입문은 경앙문敬仰門이다.

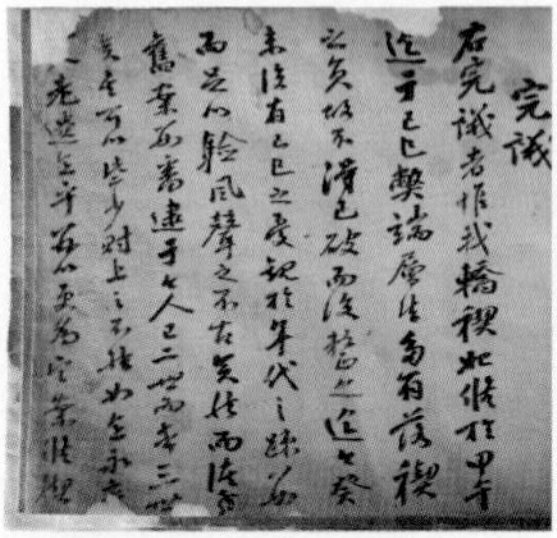

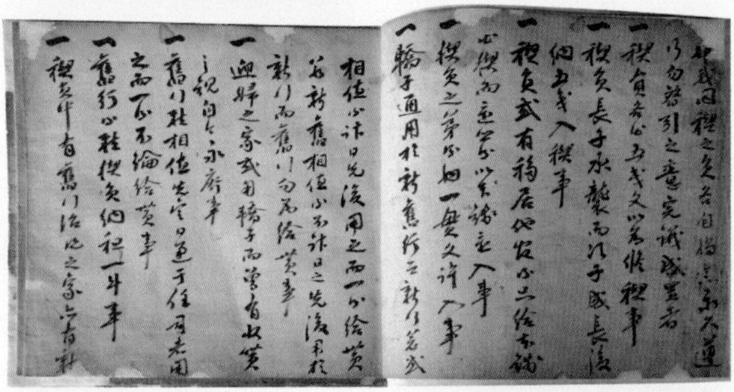

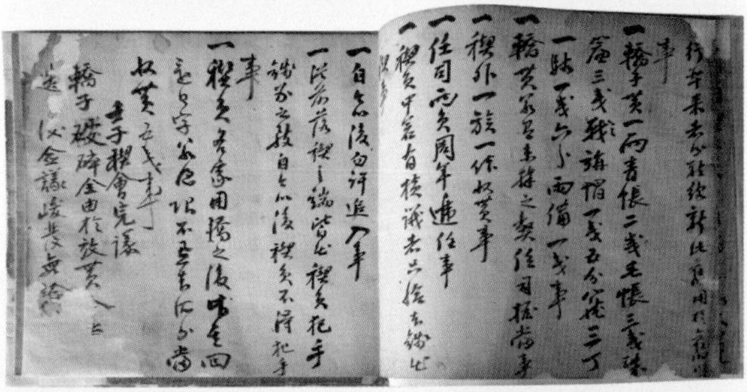

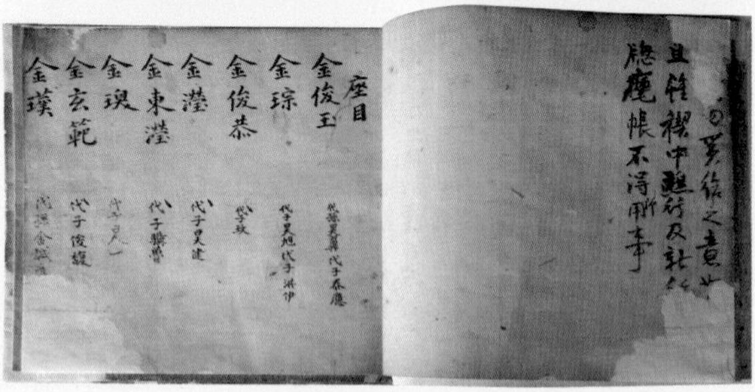

교계완의轎契完議

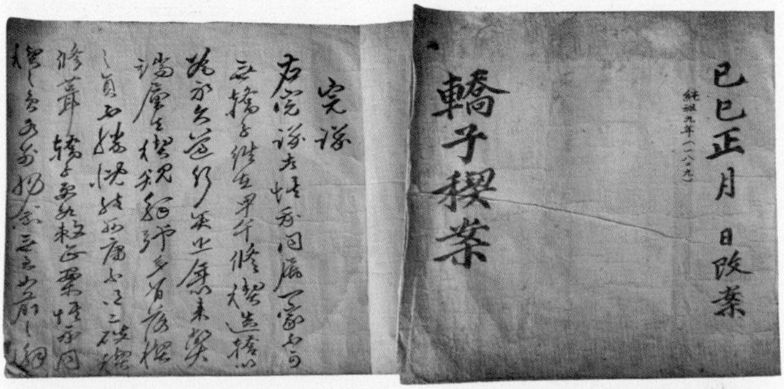

己巳正月 日改案

純祖九年(一八〇九)

轎子稧案

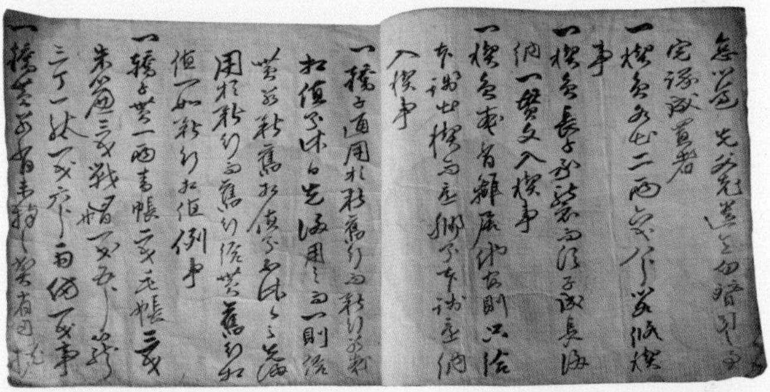

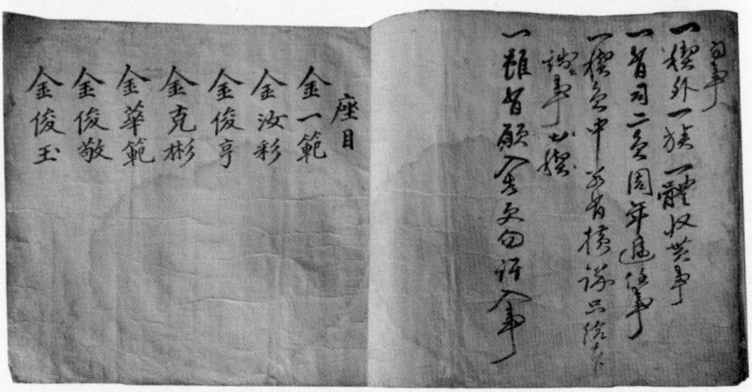

座目

金一範

金汝彩

金俊亨

金克彬

金華範

金俊敬

金俊玉

교자계안轎子契案

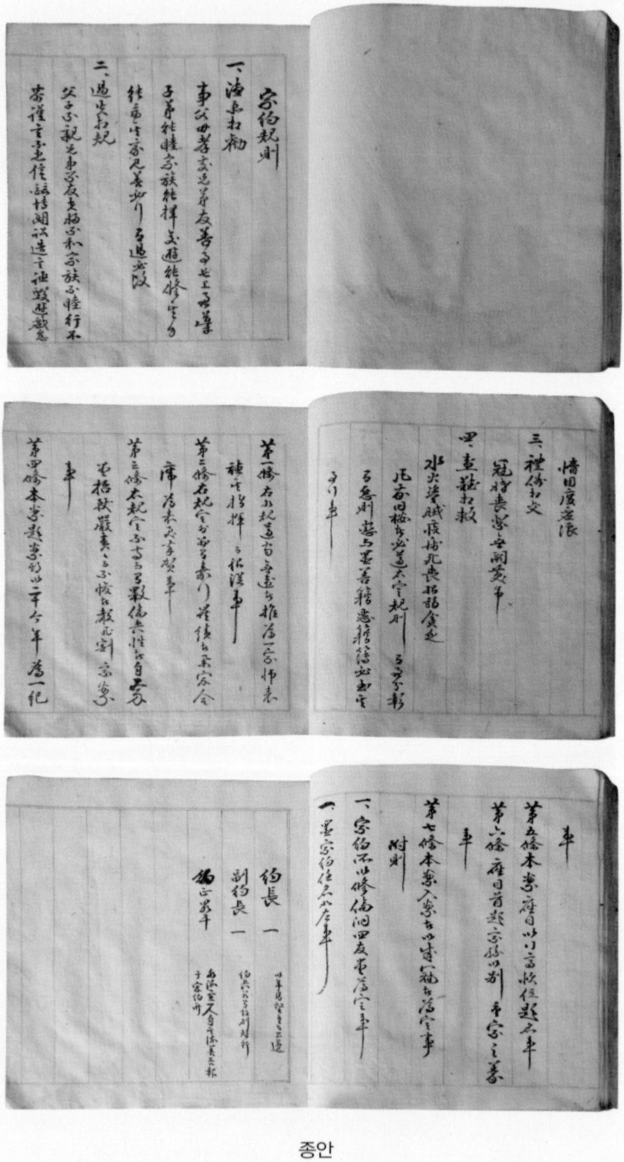

종안

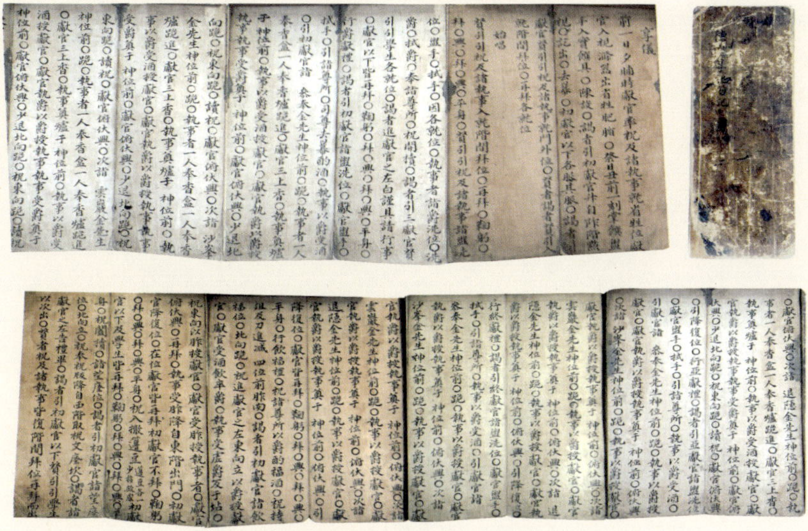

홀기

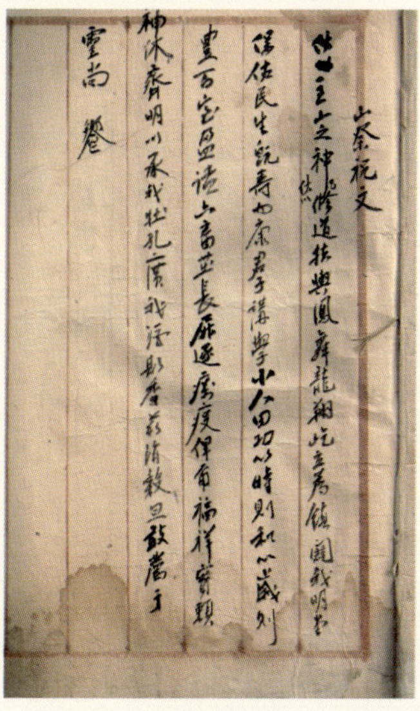

산제축문

제5장

종가의 현재 그리고 미래

종가의 현재
그리고 미래

1 종손·종부와의 대화, 책임과 포용의 삶

종손과 종부의 삶은 평범하지 않다. 시간이 지날수록 기술은 발전하고 문화도 변화한다. 그리고 그때그때의 시대를 살아가는 사람들의 가치관도 함께 변화한다. 많은 발전과 변화 속에서 종손과 종부는 무엇을 지켜 왔고 또 무엇을 전해 줄 것인가. 그리고 그것은 그들에게 어떤 가치가 있었던 것인가. 지금 이 시대를 살고 있는 문절공 김용초 종가의 20대 종손·종부는 우리에게 어떤 이야기를 들려 줄 수 있을까.

"너는 집만 잘 지켜라. 집 잘 지키고 접빈 잘하면 그게 종손의 도리다."

종손은 태어나자마자 큰아버지의 양자가 되었다. 큰아버지에

문절공종가의 20대 종손 김기대

게 딸만 하나 있었기 때문이다. 종가의 대를 이어야 했기에 현 종손은 큰아버지의 양자가 되었고, 그렇게 문절공의 20대 종손이 되었다. 종가는 종손에게 '성헌省軒'이란 호를 지어 주었다고 한다.

'살필 성' 자 '집 헌' 자라. "너는 집만 잘 지켜라. 집 잘 지키고 접빈 잘하면 그게 종손의 도리다." 그렇게 말씀하시면서 종가를 못 떠나게 했습니다. 그런 가훈이라 할까 교훈이라 할까. 첫째가 오로지 그것이라. 종가를 떠나지 마라. 문중을 잘 지켜라. 조상의 제사를 잘 모시고, 접빈 잘해라.

문절공종가의 20대 종부 류정숙

종가의 일상을 한마디로 표현하면 '봉제사 접빈객'이라더니, 종가는 종손을 키우며 오로지 집을 잘 지키고 접빈 잘할 것을 가르치고 또 가르쳤다. 집을 잘 지킨다는 것은 물론 조상의 제사를 잘 모신다는 것을 전제로 한다. 종손은 그런 환경 속에서 자연스럽게 자신의 책임과 의무를 습득했다. 그리고 숙명처럼 고향으로 돌아와 종가를 지키며 살고 있다. 젊은 날 사회 활동에 따른 객지 생활을 하기는 했지만, 언제나 자신이 있을 곳은 윤동마을 넓은 들판이 펼쳐진 그곳에 위치한 종가임을 잊은 적이 없다고 했다.

종가는 자손들 전체의 큰집, 종손·종부는 조상을 모시는 대표

의성김씨 문절공파 문중은 종가를 지키기 위해 심적으로나 물적으로나 지원을 아끼지 않는다. 그들에게 종손과 종부는 종가를 지키는 사람이자 자신들의 조상을 모시는 대표인 것이다. 종손·종부는 그 기대를 알기에 무엇을 해도 그것을 의식하지 않을 수 없다. 조상 제사 모시는 거야 당연지사이고 자녀 교육부터 자신의 사회 활동까지 어느 것 하나 허투루 할 수가 없다. 결혼도 마찬가지였다. 지금 종손과 종부는 중매로 만났다. 문중과 문중 간의 결합은 신뢰를 바탕으로 해야 실혼失婚도 하지 않고, 혼반도 잃지 않는다고.

> 내가 결혼할 때에 종가에 돈이 없으니까, 문중에서 폐백을 다 해 줬지. 문중에서 다이아다 뭐다 좋은 거 해 준 겁니다. 문중에서 종손이 결혼한다고 돈을 다 냈어요.

종손만큼 중요한 사람이 종부이니 의성김씨 문중은 종부를 맞이하면서 예의를 다했다. 그리고 그 종부를 집안의 대표로 정성껏 대우했다. 종부로 살면서 어떤 것이 보람 있었냐는 질문에 종부는 이렇게 답했다.

> 이 문중 사람들은 종부만 보면 오로지 존경의 예를 표시하지요. 물론 제가 그렇게 하니까 그렇겠지만. 제가 정말 열심히 살려고 노력하니 굉장히 안쓰러워들 하십니다. 종가를 잘 지키라는 뭐 어떤 손짓 아니겠나 싶은 생각이 들어요.

문중 사람들이 자신을 예우하는 것에 보람을 느낀다는 의미이다. 그것은 종손과 함께 조상의 제사를 잘 모시면서 종가를 지키는 것에 대한 고마움의 표현이기도 하지만, 그 이면에는 열심히 살고자 하는 자신에 대해 안쓰러움과 격려를 보내는 것이라고 종부는 생각한다. 물론 궁극의 뜻이 종가를 잘 지켜 달라는 당부임을 잘 알고 있다고 했다.

종가가 어려울 때 문중의 종친들이 나서서 여러 가지 도움을 주었던 것에 대해서도 종손·종부는 자부심이 크다. 품위 유지비부터 종가 수리비, 그리고 건강을 위한 한약재까지 크고 작은 지원이 끊이지 않았다고 한다. 종손은 "종가는 내 개인의 집이 아니고, 자손들 전체의 큰집이지요. 조상을 모시는 그것 때문에 종손·종부가 대접받는 거라."라고 작게 되뇌었다. 아마도 문중의 보종補宗이 없었다면 종가가 이렇게 건재하지 못했을 것이다. 앞에서 이야기한 내용에도 있었지만, 의성김씨 문중의 보종은 그 옛날부터 탄탄했다. 그 전통이 사라지지 않고 현대까지 제대로 이어져 왔기에, 종가는 문중을 버팀목 삼아 또 문중은 종가를 내세우며 그렇게 오랜 시간을 지탱해 왔던 것이다.

조상의 음덕이 없었으면 오늘날 종가와 종손이 이 정도로 되었겠느냐. 그것을 늘 강조합니다. 조상의 음덕으로 종중과 종가와 내가 유지된다고 생각하는 게 철저한 거지. 그 정신이 없으면 이렇게 못 삽니다.

종손의 생각은 확고하다. 조상의 음덕陰德이 있었기에 오늘날의 우리가 있다는 것. 음덕이 있으면 양보陽報가 있다고 했다. 조상이 덕을 많이 베풀었으므로 그 보답으로 후손들이 잘되는 것이라 믿는 것이다. 그래서 후손들은 결속하고 화합해서 조상의 제사를 받들며 그 음덕을 칭송하고 또 기억한다. 종부 또한 종손의 생각에 동의한다.

> 나는 시월에 제사가 많아요. 제사가 여러 번 연달아 있지요. 그래도 그것을 귀찮다고 생각해 본 적이 없고 최선을 다했어요. 그런데 며느리들은 (제사가) 다가오니까 걱정을 해요. 둘이 분담해서 하는데도 걱정이 굉장히 많아요. 그래서 내가 이렇게 말하죠. "옛날 어른들 말씀이 한 말씀도 그릇된 게 없다. 조상한테 잘해야 자손이 잘된다." 이것은 분명한 거거든요.

종부는 10월에만 제사가 여러 번이라며 손가락을 하나씩 꼽았다. 한 달에 제사가 여러 번이면 몹시 부담스러울 만도 한데, 귀찮다고 생각해 본 적이 없단다. 스스로 최선을 다한다는 것, 아마도 문중 사람들이 종부를 예우하고 대접하는 것은 바로 종부의 이러한 책임감 때문이리라. 그녀가 느끼는 책임감의 근본 역시 조상을 잘 받들어야 자손들이 잘된다는 것이다. 지금의 자신이 있는 것도 자녀들이 잘 자라 준 것도, 그리고 종가가 이렇게 명맥을 유지하는 것도 모두 조상의 음덕이라 생각하며, 지금을 있게 해 준 조상님께 잘해야겠다는 일념으로 종가를 지킨다고 했다. 종가를 지키며 찾아오는 손님들을 잘 맞이하는 것이 종손·종부의 도리라고 생각한단다.

그래서 종손은 혹시나 찾아오는 손님한테 좋지 않은 인상을 줄까 봐 아침에 일어나면 풀부터 뽑는다. 그게 일과의 시작이다. 종가를 방문한 사람들이 청소도 안 해서 풀만 무성한 종가라고 혹시 흉이라도 볼까 봐 부지런히 풀을 뽑고 또 청소한다고 그랬다. 그는 종손의 사명감 때문에 이렇게 산다고 했다. 여기에 더해서 종손으로 태어난 것을 영광으로 생각한다 했다. 그것은 살아오는 내내 자신에게 보람과 자부심이었단다. 종손이 말했다. 종가를 이어 오면서 조상 제사를 받들고 접빈을 실천한 것, 그게 가장 보람된 일이라고.

종가의 현재
그리고 미래

2 현재, 종가 문화를 지키고 물려주다

사우당 김관석이 성주 수륜동(성주군 수륜면 수륜리 윤동)에 뿌리를 내린 후 약 500년이란 시간이 흘렀다. 그 사이 종손과 종가의 사람들은 조상의 공적을 현창하는 동시에 그것을 기억하고 보존하기 위해 많은 노력을 쏟아 왔다. 문절공의 13대 종손 김동범은 참판공 김수덕과 문절공 김용초 부자를 추모하기 위한 재실 원모재를 건립했다. 또 14대 종손 서간 김준경은 사우당 김관석의 자취를 찾기 위해, 덕천사 창건을 위해, 그리고 사봉 김천택의 사봉정을 옛터에 복원하기 위해 갖은 정성과 노력을 쏟았다. 18대 종손 주선 김추열은 사우당을 중건하고, 사랑채에 당호를 붙여 종가의 역사와 이야기를 그 안에 불어넣었다. 이것은 모두 당시

덕천서원복원추진위원회 회의 광경

종손들이 그 시점에서 어떻게든 종가를 지키고 일으켜서 후손들에게 물려주려 했던 노력들이었다. 말하자면 그들에게는 현재였던 것이다.

지금을 살고 있는 20대 종손 성헌 김기대에게도 그 현재가 지나가고 있다. 그도 역시 종가의 문화를 지키고 일으켜 물려주기

덕천서원 복원 헌성비

위해 여러 가지 일들을 추진했으며, 종중의 도움과 지원을 받아 일정한 성과를 이루었다. 그 가운데 가장 뚜렷한 것이 덕천서원 복원이었다. 이 일은 문중 차원에서도 큰 성과이자 자랑이지만, 종손 개인에게도 보람 있고 가슴 벅찬 일이었다.

내가 살아오면서 가장 뿌듯한 일은 서원을 복원했다는 것이지. 우리 역대 할아버지들이나 조상분들이 남긴 자료를 보면, 서원을 건립해서 조상을 모시고 그곳에서 공부하는 것 그것을 최고의 영광이라 여긴 것 같아요. 덕

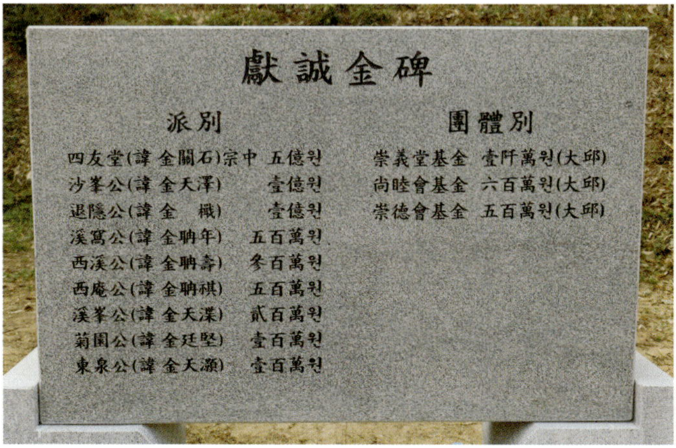

덕천서원 복원 헌성금비

천서원이 훼철되고 150년 넘게 복원을 못 하고 있었는데, 내 대에 와서 서원을 복원했어요.

종손은 안으로는 서원 복원을 위한 추진위원회를 결성해 위원장을 추대하고, 밖으로는 종친들의 도움을 받아 정부의 지원을 받아 내는 데 많은 노력을 기울였다. 그렇게 10년의 시간을 보낸 후에야 서원이 완전하게 복원되었다.

지금 덕천서원에는 덕천서원 복원 헌성비가 세워져 있다. 종손은 종친들의 헌금에 감사하는 마음을 담아 비문을 작성했고, 그 헌금 내역과 함께 돌에 새겼다. 개인 헌금부터 각 지파별 헌금까지 기록되어 있는데, 이렇게 모금된 재원이 있었기에 서원 공사에

박차를 가할 수 있었고 또 완성도 기대할 수 있었다고 한다.

이뿐만이 아니다. 세월이 오래되어 퇴락한 세덕사를 다시 짓고, 김천에 있던 문절공 묘소와 영모재를 옮겨 왔으며, 이건과 중건을 거쳐 지금 종택의 모습을 갖추게 된 것도 현 종손 때 이루어진 일이다.

한편 종부는 이렇게 유지해 계승한 종가의 모든 것들, 즉 고택과 유적 그리고 정신적인 것까지 자손은 물론이고 현대인들에게 알려 주기 위해 분주한 일상을 보내고 있다. 종택 입구에 지어진 두 동의 건물 '전통문화체험교육관'은 종부가 이러한 뜻을 가지고 노력해 온 결실이다. 종부가 경상북도 다도예절교육회장을 지내던 시절 도청과 군청을 상대로 설득하고 또 설득해서 지은 건물이다. 종가의 종부로서 전통문화를 잘 보전해 후대에 전해 주려는 그녀의 강력한 희망이 만들어 낸 결실이었다. 오늘날 많은 사람들이 이곳을 찾는다. 그들은 이곳에 와서 '종가'라는 고택을 체험하고 그 속에 깃든 정신을 느끼며 바쁜 현대 사회를 살고 있는 자신을 돌아본다. 그리고 순간순간 지금 우리 사회가 잃어버린 가치들에 대해 다시 생각하고 또 깨닫게 된다.

종가 문화를 지키고 물려주는 것에 대해 종손·종부의 마지막 바람과 실천은 특별할 것이 없었다. 아니 특별할 필요가 없다고 생각하는 듯했다. 스스로 실천해 왔듯이 눈감을 때까지 지금처럼 살 것이라고 그렇게 마음먹고 있는 듯했다. 종부는 지금이 상태에서 더도 말고 덜도 말고, 지금까지 해 왔던 그대로 그렇

▲ 전통문화체험교육관

▼ 교육관 현판

게 딱 준비된 종가로 만들어 놓고 며느리한테 이 집을 물려주겠단다. 그게 바람이라고 했다. 종손은 시대가 변했으니 젊은 시절에는 어쩔 수 없이 객지 생활을 하더라도 60이 넘으면 꼭 종가로 돌아와 종가를 지키는 것이 종손·종부의 사명이 아니겠냐며, 그렇게 해서 종가 문화를 지켜 나가는 것이 자신의 희망이라고 했다.

이거는 내가 어디 가도 그럽니다. 어디 가서 종손으로 대접받고 싶고 종손·종부 소리 듣고 싶으면 언행일치가 되어야 한다. 그 소리를 듣고 싶다면 종가를 지켜야 한다. 종가에 갔는데 문 닫아 놓고 마루고 마당이고 전부 풀뿐이면 되겠는가. 그러니 60이 넘으면 금의환향하듯이, 여우 모양으로 수구초심하듯이 조상의 뜻을 헤아려 종손·종부가 꼭 종가를 지켜 주기를 바란다. 그래서 거기 오는 내빈객에게 종가의 내력을 전해 주며 이런저런 이야기를 들려주면 그래도 인륜이 무너지지 않고 유지되는 데 무언가 도움이 되지 않겠는가. 나는 그렇게 생각합니다.

의성김씨 문절공 사우당 종중 깃발

종가의 현재
그리고 미래

3 미래, 세대의 벽을 넘어

언제부터인가 세대 간의 갈등이 심각한 사회 문제로 대두되기 시작했다. 그 사이에 세워진 벽은 시간이 흐를수록 점점 두꺼워지고 높아질 뿐, 낮아지거나 허물어질 기미는 좀처럼 보이지 않는다. 그도 그럴 것이, 길지 않은 시간 동안 우리 사회는 농업 중심의 전통 사회에서 산업 도시 중심의 현대 사회로 전력 질주했다. 그 속에서 우리는 두 차례 산업혁명을 통해 급성장과 급변화를 경험했고, 이제는 인공지능으로 대표되는 4차 산업혁명의 시대를 맞이했다. 지금 함께 이 시대를 살아가는 세대들은 조금만 나이의 격차가 있어도 경험적 차이가 뚜렷하다. 극과 극의 관점에서 볼 때, 전쟁을 겪은 70대 80대가 현재 IT기기와 밀착된 Z세대를 이해하는 것이 쉬운 일이겠는가. 전쟁 후에 태어나 국가 산업의 발전을 견인했던 베이비 붐 세대, 이들의 자녀로서 풍족한 유년을 거쳤으나 금융위기의 직격탄을 맞은 에코 세대, 이들은 경험적 차이만큼이나 삶의 자세와 추구하는 가치가 확연하게 다르다. 같은 시대를 살고 있지만 같은 생각은 하기 어렵기에, 서로 간의 소통과 이해가 어려울 뿐 아니라 심한 경우 갈등과 단절로 이어지고 있는 것이다. 물리적 시간의 격차는 크지 않지만 심리적 시간의 격차는 상상 이상으로 벌어져 있는 셈이다. 지금도 우리 사회 문화는 발전이든 퇴보이든 쉼 없이 변화하고 있다. 그래서 이 세대 간의 간극을 메우는 것은 아마도 점점 더 어려워질 것이다. 다만 그럼에도 불구하고 곳곳에서 세대 간의 벽을 무너뜨리려는 노력이 지속될 것이고, 그 노력을 원천으로 세대 간의 소통도 완전하게 차단되지는 않을 것이다.

전통문화가 계승 보존되기 위해서는 세대의 벽을 넘어야 한다. 종가 문화처럼 정신적 가치를 수반하는 것은 더욱 그렇다. 문절공종가는 이 세대의 벽을 어떻게 넘고 있을까? 현 종손은 차종손 교육에 있어서 어떤 것을 강조하고 있는지 들어 보자.

맏아들도 항상 부모한테 들은 대로 합니다. "너는 종손이니까, 내가 문절공의 20대면 너는 21대고, 참판공까지 올라가면 나는 21대, 너는 22대다. 어디 가도 문절공 종손이고 사우당 종손임을 잊지 마라." 그렇게 말합니다.

차종손은 50대이다. 베이비 붐 세대와 에코 세대에 끼인 나이다. 이 세대는 아날로그에서 디지털로의 진화를 겪었고 더불어 그 변화의 중심부에 있었기에, 부모 세대와도 자녀 세대와도 비교적 교감이 수월한 편이다. 문절공종가의 차종손 역시 나이가 들수록 아버지가 지켜 온 유무형의 종가 문화를 그대로 받아들이고 있다. 이성적 납득보다 감성적 수용에 가까운 것이다. 어려서부터 자연스럽게 보고 듣고 배운 것이었기에, '종손'이란 위치는 그에게 숙명처럼 그렇게 다가왔을 것이다. 현 종손은 차종손에게 문절공부터 자신까지 20대에 이르는 조상들의 이름을 모두 외우게 했다.

"문절공부터 나까지 직계의 휘자, 이름을 다 외워야 된다." 그러지요. 보통 잘 모릅니다. 할아버지 이름도 잘 기억 못 하거든요. 내가 직계의 휘자를 모조리 다 써서 아들, 딸한테 다 줬습니다. … 그리고 집에도 붙여 놨지. 그것을 외우라 했어요. 어디 가서 종손이라 하면서, 문절공 휘자가 뭐냐고 물었을 때 모른다고 말하면 창피한 일 아니겠습니까. 종손 자격이 없는 겁니다. "너는 21대다. (문절공의) 휘는 용 자 초 자다. '쓸 용' '뛰어넘을 초', 휘자를 외우고 벼슬도 외워라. 그리고 그분의 행적도 익혀 둬라." 그렇게 늘상 말했습니다.

직계 조상의 휘자와 벼슬 그리고 행적을 외우는 것이 쉬운 일은 아니었겠지만, 차종손은 자연스럽게 모두 외웠다고 했다. 현 종손은 젊은 애가 먹고살기 바쁘니 외울 수 있을까 걱정하며 기대하지 않았단다. 그런데 어느새 보니 알고 있더라며, 종손은 내심 안도하고 기뻐하는 것 같았다.

옛말에 "큰 말이 없으면 작은 말이 대신한다."라고 하더라만 내가 죽으면 저거 뭐 알겠나 싶었는데, 알아서 다 하더라고요. 요즘은 적극적으로 합니다.

요즘 사람들은 교육과 생업으로 고향을 떠나 도시 생활을 하는 만큼, 종손으로서의 사명감이 자연스럽게 형성되기는 어려워졌다. 현 종손이 어려서부터 직접 보고 배웠던 것과 달리 시대가 바뀌면서 차종손 그리고 차차종손은 그러한 환경에 직접적으로 노출되지 않기 때문이다. 자신이 없으면 아들이 잘할 수 있을지 걱정스러웠다는 종손의 말은 변화하고 있는 시대의 한 단면을 그대로 보여 준다. 그러면서 다시 안도하고 있다. "큰 말이 나가면 작은 말이 큰 말 노릇 한다."라는 옛 속담을 언급하며, 윗사람이 없어도 아랫사람이 그 일을 대신할 수 있다고, 알아서 다 하더라고, 나아가 요즘은 적극적으로 하더라고 하는 말이 여운으로 남는다. 시대가 달라져서 걱정이 많았지만, 아들은 당연하다는 듯 종손의 위치로 자연스럽게 나아가고 있었다. 언젠가는 모두 자신이 해야 할 일이라 생각하기에, 차종손은 먹고살기 바쁜 현실 속에서도 틈틈이 조상의 행적에 대해 공부하고 종가를 수시로 찾으며 살피고 관리하는 것을 소홀히 하지 않는다. 종손의 계보가 현재에도 이렇게 이어지고 있는 것이다.

시간이 흐를수록 종가 문화의 계승 모습은 조금씩 달라질 수밖에 없다. 오랜 세월 동안 서서히 변해 왔듯이 앞으로도 멈추지 않고 변화할 것이다. 그럼에도 불구하고 현 종손이 차종손에게 그랬듯이 차종손은 다시 차차종손에게 종손의 의무와 책임을 알려 줄 것이다. 물론 긍지와 자부심도 함께 심어 줄 것이다. 그 무게와 깊이는 달라지더라도 끊어지지는 않을 것 같다. 서서히 변화하겠지만, 부모가 들려주고 보여 주며 가르쳐 주는 한 자식은 그것을 자연스럽게 체득하며 성장할 것이다. "너는 종손이다."라고 끊임없이 알려 주며, 그에 맞는 삶을 살라고 가르치는 것, 이것을 통해 종가의 미래를 조금이나마 기대해 볼 수 있을 것 같다.

어디 가도 종손이라는 것을 잊지 말아라. 종손이라는 것에 자부심과 긍지를 가져라. 그리고 그 긍지를 갖고 일거수일투족을 조심해라. 그럽니다. … 손자도 그런 얘기를 하더라고요. "나는 문절공 할배 몇 대 종손"이라고. 사우당종가 마루에 올라서면 "이 집은 장래 내 집이다."라고 말하더니, 초등학교 다닐 때부터 "이게 내 집이다." 그러면서 친구 데리고 와서는 할아버지 덕택으로 제 집이 많다고 자랑합디다. 사실 이때부터 종손이라는 것을 몸과 마음에 심어 주는 거지.

참고문헌

조선왕조실록

金坽,『龜窩集』

金聃壽,『西溪先生逸稿』(한국국학진흥원 소장)

柳雲龍,『謙菴集』

白文寶,『淡庵逸集』

李元禎,『歸巖集』

鄭宗魯,『立齋集』

許穆,『記言』

黃磻老,『白下集』

『덕천서원』, 덕천서원복원추진위원회, 2019.

『의성김씨대동보』, 의성김씨대동보편찬위원회, 1992.

권삼문,「향사의 지속과 변화」,『민속학연구』 9, 안동대 민속학연구소, 1999.

이중우 외,「성주 윤동마을 주거환경의 전통성에 관한 연구」,『한국학논집』 25, 계명대 한국학연구원, 1998.

최정희 외,「경북 지역의 향사와 불천위제례의 진설과 제수 비교–대구와 안동지역 중심으로」,『한국식품조리과학회지』 24, 한국식품조리과학회, 2008.

지은이

최은주 崔恩周

경북대학교에서 「17세기 시선집 편찬에 대한 연구」로 박사학위를 받았다. 현재 한국국학진흥원 책임연구위원으로 근무하고 있다. 주요 저서로는 『일기를 통해 본 조선후기 사회사』(공저), 『21세기와 남명 조식』(공저) 등이 있고, 주요 논문으로는 「조선시대 상소일기 자료의 실상과 가치」, 「회당 장석영의 삶의 궤적에 따른 한시 창작 양상의 특징」 등이 있다.

경북의 종가문화 56

인륜을 다져 온
500년의 시간,

성주 문절공 김용초 종가

찍은 날 2020년 3월 25일
펴낸 날 2020년 3월 31일

기획 경상북도·경북대학교 영남문화연구원
지은이 최은주
펴낸이 김상동
펴낸 곳 경북대학교출판부
출판등록 1973년 10월 10일 ㉣97호
주소 대구광역시 북구 대학로 80
전화 053-950-6741~3
팩스 053-953-4692
이메일 press@knu.ac.kr
홈페이지 http://knupress.com

ISBN 978-89-7180-535-0 94900
978-89-7180-534-3 (세트)

정가는 뒤표지에 있습니다. 파본은 바꾸어 드립니다.